Fördern erleichtern mit Ritualen

77 Spiele, Rhythmen und Lieder
fördern täglich mit Spaß und Freude
individuell Motorik und Sprache

von Annegret Engel
und Christa Hehemann

Mildenberger Verlag

Inhalt

Vorwort 3

A Förderbedarf feststellen und Förderung organisieren

Lernen 6

Lernvoraussetzungen 9
Entwicklung der Wahrnehmung 9
Störungen der Wahrnehmung 10
Sprache 11
Konzentration 11

Kurzüberprüfung, Dokumentation und Förderplanung 12
Überprüfung I: Raum-Lage-Vorstellung 14
Überprüfung II: Kreuzbewegung und Körperspannung 16
Beobachtungsbogen (Kopiervorlage) 21

Förderung in der Großgruppe 23
Regeln und Rituale 23
Beispiel zur Förderorganisation 26

Literaturverzeichnis 28

B Förderspiele und -lieder

**Inhaltsverzeichnis der Übungen und Lieder
nach Förderbereichen geordnet** 32

Verwendete Zeichen und Abkürzungen 35

Verzeichnis der Lieder auf der Begleit-CD 36

Begrüßungsrituale 37

Stundenbeginn/Beginn der nächsten Einheit 47

Bewegungspause 95

Einheitsabschluss / Stundenabschluss 143

Abschlussrituale / Schulschlussrituale 191

Vorwort

Lernen fällt Kindern leicht, wenn die Voraussetzungen zum erfolgreichen Lernen vorhanden sind. Das Buch will dazu beitragen, diese Voraussetzungen zu schaffen und zu sichern.

Eine wichtige Voraussetzung zum Gelingen des Lernens ist das Gefühl des „sich Wohlfühlens" – in jedem Bereich des Lebens. Das Arbeitsumfeld ist ein großer Teil des Lebensraums. Die Zufriedenheit eines Menschen in seinem Arbeitsumfeld bestimmt das Maß an positiven Gefühlen, die die Voraussetzungen für ein erfolgreiches Lernen schaffen.

Wohlbefinden sollte in jeder Arbeits- und Lernumgebung für den Menschen erfahrbar sein. Die Menschen, die mit Kindern arbeiten, bestimmen die Ausgestaltung des Arbeits- und Lebensraumes, das gilt von den Kindertagesstätten über die Grundschulen bis zu den Schulen der Sekundarstufe.

Die Lehrenden und Erziehenden bestimmen die Regeln, nach denen hier gelebt wird. Dazu gehören Anfangs- und Endzeiten, Stundenpläne, Vereinbarungen mit Kollegen und Regeln und Vereinbarungen mit den Lernenden.

Ständig wiederkehrende Abläufe werden zu Ritualen. Rituale schaffen einen Rahmen der Beständigkeit. Sie können zum Wohlbefinden beitragen und ein Gefühl der Kontinuität vermitteln. Das Lernen wird einfacher, wenn mithilfe von Ritualen Konzentration und Ruhe entstehen. Werden sie mit Musik verbunden, schaffen sie bei den Lernenden ein Gefühl des Vertrauens innerhalb der Gruppe und eine positive Grundstimmung, die sich in der Lernfreude widerspiegelt und das Lernen erleichtert.[1]

In **Teil A** wird der Ablauf von Lernvorgängen und die Entwicklung von Lernvoraussetzungen kurz dargestellt. Die Bedeutung der Motorik, der Rhythmik und der Sprache für das Lernen wird erklärt. Diese Kompetenzen können mit diesem Buch gefördert werden.

Entscheidend für die erfolgreiche Förderung ist die Diagnose des Förderbedarfs. Dazu wird die Überprüfung von vier motorischen Fähigkeiten (Raum-Lage-Vorstellung, Kreuzbewegung, Körperspannung, Gleichgewicht) beschrieben. Diese vier Fähigkeiten waren bei vielen Kindern mit Förderbedarf nicht vorhanden – das zeigte die praktische Überprüfung von Kindern in den vergangenen Jahren. Die Kurzdiagnose erfolgt nach Alter differenziert. Die Ergebnisse der Überprüfung geben einen ersten Einblick in den Stand der sensomotorischen Koordination eines Kindes.

---

[1] Vgl. Manfred Spitzer, Lernen 2002, Spektrum Berlin, S. 165 ff.

Vorwort

Die Förderung mithilfe dieses Buches erfolgt täglich eingebunden in Rituale. Diese geben Kindern mit Förderbedarf Sicherheit und verbessern den Lernerfolg.

Teil B enthält die Übungen in Form von Spielen und Liedern zur Förderung von Lernvoraussetzungen in den Bereichen Motorik und Sprache. Es wir angegeben, für welches Alter sich die Lieder und Spiele besonders eignen. Die Fördervorschläge sind so ausgewählt, dass sie täglich in der Großgruppe ritualisiert ausgeführt werden können.

Die Übungen sind unterteilt in:
- Begrüßungsrituale,
- Übungen für die Förderung zu Stundenbeginn,
- Übungen für die Förderung in der Bewegungspause,
- Übungen für die Förderung zum Stundenschluss und
- Schulschlussrituale.

Innerhalb der einzelnen Kapitel finden Sie Übungen zur Förderung der Motorik, Rhythmik und Sprache.

Besonders intensiv ist die Förderung in Verbindung mit Musik. Deshalb sind einige Übungen mit Liedern enthalten. Diese Lieder finden Sie auf der parallel zu diesem Buch erschienenen CD „Fördern erleichtern mit Ritualen" zum Anhören und – als Instrumentalversionen – zum Mitsingen. Die Gestaltung der Bewegungsabläufe wurde, wenn nicht anders angegeben, von den Autorinnen erarbeitet.

Teil A
Förderbedarf feststellen und Förderung organisieren

Teil A – Förderbedarf feststellen

Lernen

Die Voraussetzungen zum Lernen sind bei Kindern so unterschiedlich wie die Vernetzung ihrer Zellen im Gehirn. Kinder lernen von Geburt an. Die Lernvorgänge werden durch Wahrnehmungen des Körpers mit seinen Sinnen angeregt und bewirken die Vernetzungen der unterschiedlichen Gehirnzellen und Gehirnregionen.

Das Wissen über den Ablauf von Lernvorgängen im Gehirn und die Entwicklung der Sinne von Kindern ist die entscheidende Grundlage für die erfolgreiche Förderung. Denn mit diesen Kenntnissen lässt sich feststellen, an welcher Stelle der Entwicklung eines Kindes ein Lernprozess nicht optimal erfolgte und so die weitere Entwicklung des Kindes gestört wird. Hier wird dann die Förderung des Kindes ansetzen.

Lernen findet im Gehirn statt. Gelerntes wird in unserem Gehirn aufbewahrt. Das Gehirn besteht aus Milliarden von Nervenzellen, den Neuronen. Jede dieser Zellen steht mit bis zu mehreren tausend anderen Zellen in Verbindung. Durch Lernvorgänge werden im Gehirn Nervenzellen (Neuronen) mit neuen Vernetzungen verbunden.

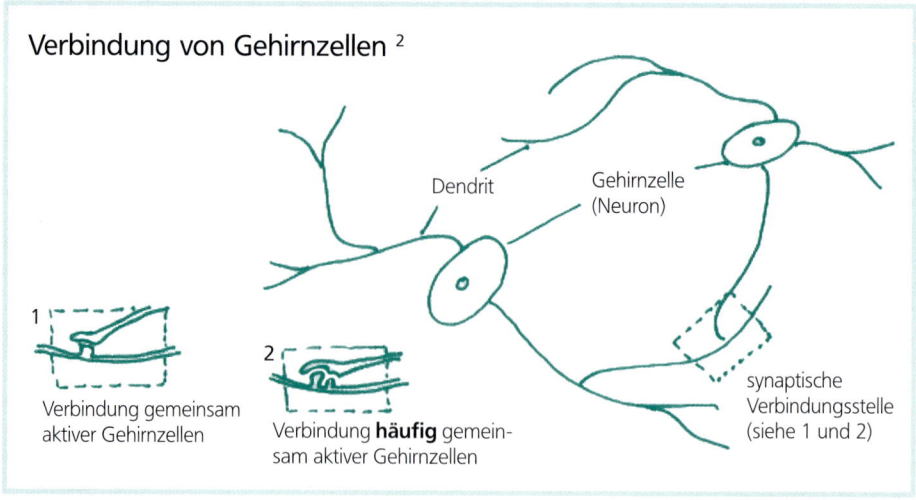

Verbindung von Gehirnzellen [2]

Je häufiger ein Lernvorgang wiederholt wird, umso stärker bildet sich die Verbindung zwischen den Gehirnzellen aus. Die Verbindung wird durch jeden neuen Reiz stabiler. Haben sich durch Handlungen Vernetzungen gebildet, können die Handlungen im Gehirn nachvollzogen und neu kombiniert werden. So findet Denken statt. Das Gehirn steuert die Weitergabe und Verarbeitung von Reizen einzig durch die Stärke seiner neuronalen Vernetzungen.

---

[2] Verbindung von Gehirnzellen. Nach: Manfred Spitzer, Vorsicht Bildschirm. Elektronische Medien, Gehirnentwicklung, Gesundheit und Gesellschaft, Stuttgart, Klett, 2005, S. 53-60.

Beim Lernen werden die Lerninhalte mit den Gefühlen der Person und mit der Lernumgebung verknüpft. Das Gelernte steht im Kontext der Begleitumstände des Lernens. Unterschiedliche Gehirnregionen speichern das Gelernte und die Begleitumstände. So genügt manchmal ein Geruch, ein Geräusch oder ein Bild und man erinnert sich an eine erlebte Situation oder einen gelernten Zusammenhang. Es ist wichtig, bei Lernvorgängen die Begleitung von Lernsituationen möglichst angenehm zu gestalten. Sind die Umstände positiv, unter denen etwas neu gelernt wird, so wird das Gelernte umso besser behalten. Nach Manfred Spitzer können Inhalte, die in angenehmer Umgebung gelernt werden, später kreativ in anderen Zusammenhängen verwendet werden.[3]

Lieder, Rhythmen und Spiele lockern die Lernsituation auf, bringen ein Lachen in die Gesichter und entspannen eine Lernsituation. Sie schaffen es, das Lernen im Gehirn positiv zu belegen. Nach einer kurzen Unterbrechung der Lernsituation ist das Gehirn durch die Bewegung außerdem besser mit Sauerstoff und Nährstoffen versorgt und der folgende Lernprozess kann erfolgreich starten.

Pubertät

Unser Gehirn wird in sehr großem Maße von Gefühlen gesteuert – so die Aussage von Lernbiologen wie Gerhard Roth und anderen.[4] Bevor rationale Entscheidungen getroffen werden, trifft das limbische System, ein alter Teil unseres Gehirns, bereits Voreinstellungen zu unseren Entscheidungen. Das gilt auch für Kinder aller Altersstufen und besonders für Kinder in der Pubertät. Die Pubertät, der Anfang einer hormonellen Umstellung, beginnt heute bei Mädchen mit ca. 10 Jahren und bei Jungen mit ca. 11 Jahren. Sie kann auch bereits früher einsetzen. Das heißt, dass die Pubertät häufiger bereits bei Kindern der Grundschule einsetzt.[5] Sie dauert ca. 2 – 4 Jahre.

Hormone werden als Auslöser der Pubertät angesehen. Nach einer Veränderung der Gehirnstrukturen werden sie gebildet und ausgeschüttet. Auch die Bildung von Wachstumshormonen erfolgt durch Auslösung von Steuerungsmechanismen im

---

[3] Vgl. Manfred Spitzer, Lernen 2002, Spektrum Berlin, S 165 ff.

[4] Gerhard Roth, Fühlen, Denken, Handeln, Suhrkamp 2003 / Gerhard Roth, Bremen BBAW 10. Heft - Gerhard Roth: DIE ZUKUNFT DES GEHIRNS / Gerhard Roth, Das verknüpfte Gehirn: Bau und Leistung neurobiologischer Netzwerke, DVD, Jokers Edition, Auditorium Netzwerke, Habspergstraße 9a, 79379 Müllheim/Baden

[5] Barbara, Strauch, Warum sie so seltsam sind, Berlin Verlag 2007, S. 30 ff.

Teil A – Förderbedarf feststellen

Gehirn und sie wirken auf das Wachstum der Kinder ein. In der Pubertät werden die synaptischen Verbindungen im Gehirn der Kinder umgebaut. Die synaptischen Verbindungen werden von Geburt an aufgebaut und verändert. Gut ausgebaute Verbindungen sorgen dabei für sichere Reaktionen. Zu Beginn der Pubertät nehmen die synaptischen Verbindungen zu. Danach erfolgt eine Rückbildung der nicht benötigten Nervenverbindungen. Das Ziel des Gehirnumbaus ist ein leistungsfähiges Gehirn, das das Überleben der Person sichert und die persönlichen Bedürfnisse der Person berücksichtigt. Die Vorlieben der Person bestimmen in der Pubertät die Ausbildung der Gehirnstrukturen mit. Der Umbau startet im Kleinhirnbereich und endet im Bereich der Großhirnrinde, dem präfortalen Cortex. Die Großhirnrinde ist unter anderem für die Planung und die Risikoabschätzung zuständig. Während des Umbaus übernimmt ein älterer Gehirnteil, die Amygdala, Aufgaben der Großhirnrinde. Die Amygdala gehört zu dem Gehirnteil, in dem Gefühle wie Angst, Freude und Wut verarbeitet werden. Daraus erklärt sich das Verhalten der jungen Menschen: einmal himmelhoch jauchzend, einmal zu Tode betrübt. Sie verhalten sich in Gruppen von Gleichaltrigen risikofreudiger, als wenn sie alleine sind. In ihrem Verhalten orientieren sie sich stark an Vorbildern. Informationen erreichen sie manchmal nur teilweise. Das Gehirn im Umbau kann mehrere Anweisungen oder Aufträge oft nicht verarbeiten. Von Erwachsenen verständlich formulierte, klare Erwartungen unterstützen die Kinder auf ihrem Weg zu eigenständigen Personen. Dazu gehören auch Regeln, die gemeinsam formuliert werden und deren Einhaltung von den Erwachsenen eingefordert wird. Rituale können Eckpunkte sein, die helfen unangenehme Situationen in der Schule zu entzerren (z.B. Unruhe, Unaufmerksamkeit ...). Je fester die Rituale im Leben der Lernenden verankert sind, desto stärker können sie eine Hilfe sein, Konzentration und Arbeitsruhe zu erreichen.

Lernvoraussetzungen

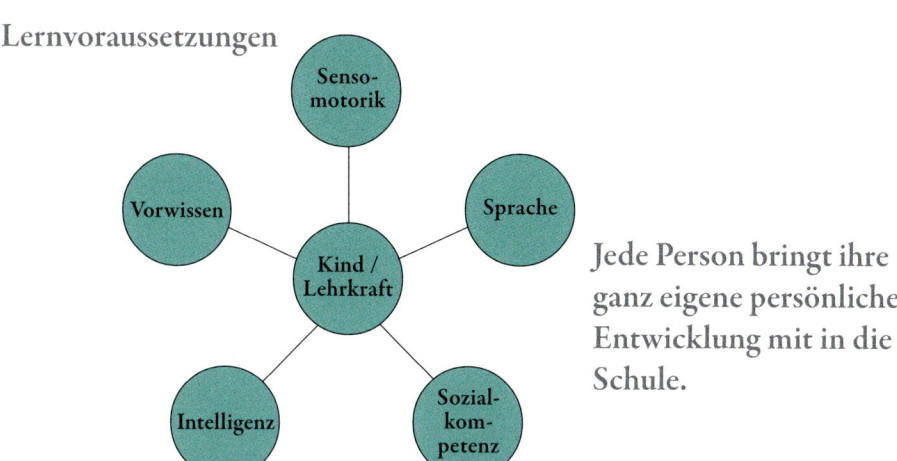

Jede Person bringt ihre ganz eigene persönliche Entwicklung mit in die Schule.

Die Kinder bringen ihre persönlichen Lernvoraussetzungen mit in die Einrichtung. Diese werden von den vielfältigsten Faktoren bestimmt. Sie sind unter anderem an die Sprache, das Verhalten und die motorische Entwicklung gekoppelt. Die Voraussetzungen zum Lernen sind bei Kindern so unterschiedlich wie die Vernetzung ihrer Zellen im Gehirn. Kinder lernen von Geburt an. Die Lernvorgänge werden durch Wahrnehmungen angeregt und bewirken die Vernetzungen der unterschiedlichen Gehirnzellen und Gehirnregionen. Je jünger ein Kind ist, desto schneller lernt es.

Die Lernvoraussetzungen eines Kindes sind von der Kindertagesstätte bis in die Sekundarstufe eng an die gute Entwicklung und das reibungslose Zusammenspiel der Nahsinne gekoppelt. Ein Kind muss seinen Körper ohne Störungen bewegen können und zwar so, dass die Nervenverbindungen des Gehirns die Bewegungsabläufe automatisch starten. Das Gehirn kann dann seine Kapazitäten nutzen und leicht Neues lernen. Je besser die Körper- oder Nahsinne entwickelt sind, desto besser nehmen Kinder wahr. Je leichter Kinder wahrnehmen, was um sie herum geschieht, und je besser sie reagieren können, desto leichter lernen sie. Mit Kenntnissen über die Entwicklung der Körper- oder Nahsinne können Erwachsene die Lernvoraussetzungen eines Kindes feststellen. Deshalb wird im Folgenden die Entwicklung der Wahrnehmung kurz beschrieben und Kurzüberprüfungen zum Stand der Wahrnehmungsentwicklung werden dargestellt. Im Praxisteil werden Spiele und Lieder zur Förderung verschiedener motorischer Wahrnehmungsbereiche angeboten.

Entwicklung der Wahrnehmung

Um in der Schule lernen zu können, müssen Kinder gut sehen und hören können. Die Fernsinne Sehen und Hören funktionieren dann optimal, wenn die Körper- oder Nahsinne im Gehirn gut vernetzt sind. Die Körper- oder Nahsinne entwickeln sich im Kleinkindalter.

Teil A – Förderbedarf feststellen

Zu den Körper- oder Nahsinnen gehören
- die Wahrnehmung des inneren Körpers,
- die Wahrnehmung über die Haut,
- die Wahrnehmung der Stellung und Spannung von Gelenken und Muskeln und
- der Gleichgewichtssinn.

Alle Wahrnehmungen werden an das Gehirn gemeldet, vernetzt, verglichen und ermöglichen die sensomotorische Koordination der Muskeln und Gelenke. So heben wir einen Gegenstand auf, ohne umzufallen. Wir reagieren auf Telefon- und Türklingel, ohne über die Reihenfolge unserer Bewegungsabläufe nachzudenken. Die Qualität der Wahrnehmungsleistungen und der Reaktionen ist abhängig von der motorischen Koordination. Das ist die Fähigkeit, etwas wahrzunehmen und darauf mit Muskeln und Gelenken in allen alltäglichen Situationen automatisch, gezielt, schnell und sicher zu reagieren.

Störungen der Wahrnehmung

Störungen in der Entwicklung der Nahsinne und damit der Wahrnehmungsleistungen können sich folgendermaßen zeigen:

Stellung und Spannung von Muskeln und Gelenken

Kinder, die Störungen in der Wahrnehmung der Stellung und Spannung von Muskeln und Gelenken haben, zeigen oft einen schwachen Muskeltonus. Sie erscheinen schwächlich und stützen oft den Kopf in die Hand. Sie benötigen viel Energie, um Kopf und Oberkörper gegen die Schwerkraft aufrecht zu halten. Diese Kinder fallen oft vom Stuhl, brechen die Stifte ab und fallen beim Laufen hin. Sie können beim Nachbauen oder Legen von Figuren und dem Abschätzen von Entfernungen und Abständen Schwierigkeiten haben. Die Kinder zeigen langsame Arbeitsweisen. Es fällt ihnen schwer, sich etwas zu merken, und sie zeigen wenig Handlungsstrategien. Ihre Handlungsplanung ist gestört, weil die Wahrnehmung des eigenen Körpers im Raum (oben, unten, rechts, links) nicht ausreichend entwickelt ist. Sie haben Schwierigkeiten, sich im Raum zu orientieren. Rechte und linke Gehirnhälfte arbeiten nicht optimal zusammen. Das zeigt sich in den Schwierigkeiten der Kinder, die Körpermittellinie zu kreuzen. Diese Kinder finden sich schlecht in unbekannten Räumen zurecht und können sich im Schulgebäude verlaufen. Das Selbstbewusstsein der Kinder ist meist gering.

Hautsinn

Ist die Wahrnehmung über die Haut gestört, können die Kinder Ängstlichkeit oder Wutanfälle zeigen. Bei Veränderungen des gewohnten Ablaufs können sie in Panik geraten. Möglicherweise treten Überreaktionen bei unbekannten Geräuschen auf. Die Kinder haben oft eine geringe Eigeninitiative.

Gleichgewichtssinn

Ist der Gleichgewichtssinn gestört, nimmt das Kind zu wenige oder zu viele Gleichgewichtsreize im Gehirn auf.[6] Die betroffenen Kinder zeigen motorische Unruhe, fragen häufig nach und können mehrteilige Arbeitsaufträge nicht behalten. Das Lesen und Schreiben kann bei diesen Kindern in verkehrter Richtung erfolgen. Oft haben sie Probleme, Ordnung zu halten.[7]

Sprache

Da Lerninhalte überwiegend durch die Sprache vermittelt werden, müssen Sprachfähigkeit und Sprachverständnis als Lernvoraussetzungen bei den Kindern vorhanden sein. Sie benötigen ein genaues Gehör, um feine akustische Unterschiede erfassen zu können. Zur richtigen Artikulation der Wörter müssen die Bewegungen von Mund und Zunge gemeinsam mit dem Luftstrom koordiniert werden. Außerdem muss das Kind über einen altersgemäßen Wortschatz verfügen und ein normales Sprachgedächtnis haben. Die Fernsinne Sehen und Hören müssen optimal funktionieren. Die Voraussetzung dazu ist das gute Funktionieren der oben beschriebenen Nahsinne.

Das Sprechen von Reimen und Versen fördert alle notwendigen Sprachfähigkeiten. Eine besonders starke Sprachförderung wird durch das Singen von Liedern erreicht. Das Singen der Wörter verbessert die Artikulation. Das Sprachgedächtnis wird durch das Singen der Liedverse aus dem Gedächtnis gefördert. Der Rhythmus des Liedes unterstützt das Sprechen im richtigen Rhythmus der Sprache. Gleichzeitig fördert die Rhythmik das Erkennen von Längen. Textverständnis in Deutsch und das Längen- und Größenverständnis in der Mathematik setzen diese Fähigkeit voraus. Die Körperrhythmik wirkt sich positiv auf das Wohlbefinden aus.

Konzentration

Zum Lernen ist Konzentrationsfähigkeit notwendig. Die Aufmerksamkeit ist vorhanden, wenn im Gehirn die neuronalen Aktivitäten ausreichend sind. Bewegungen regen allgemein den Stoffwechsel an, fördern die Durchblutung des Gehirns und beeinflussen die Aktivität der Botenstoffe im Gehirn. Das Gleichgewichtssystem und das Bewegungssystem, der Stellungs- und Spannungssinn, bestimmen den Wachheitsgrad eines Menschen. Die gute Ausprägung und Verknüpfung der Nahsinne, die gelungene sensomotorische Koordination, ist somit die Voraussetzung für Aufmerksamkeit und Konzentration im Unterricht.

---

[6] Viktor Ledl, Kinder beobachten und fördern. Eine Handreichung zur gezielten Beobachtung und Förderung von Kindern mit besonderen Lern- und Erziehungsbedürfnissen, Wien, Jugend und Volk, 2003, S. 44.

[7] Dorothee Braun/Heide Luckfiel in: Reinhold Christiani (Hrsg.), Schuleingangsphase: neu gestalten. Diagnostisches Vorgehen – Differenziertes Fördern und Förderpläne – Jahrgangsübergreifendes Unterrichten, Berlin, Cornelsen Scriptor, 1. Aufl. 2004, S. 68 f.

Teil A – Förderbedarf feststellen

Das emotionale Empfinden spielt bei der Konzentrationsfähigkeit und der Merkfähigkeit eine große Rolle. Was man gerne tut, wird gut behalten. Das emotionale Empfinden wird besonders über Reime, Lieder und Bewegung angesprochen.

Eine Bewegungspause im Unterricht regt somit den Stoffwechsel an und fördert die Konzentration. Die Bewegungen geben allen Kindern die Möglichkeit, ihre sensomotorische Koordination zu verbessern. Wird zu den Bewegungen gesungen, so findet gleichzeitig eine Sprachförderung statt. Gemeinsame Spiele und Lieder fördern das Gruppengefühl, steigern allgemein durch Bewegung die Konzentrationsfähigkeit aller Kinder, schaffen eine entspannte Lernatmosphäre und fördern die Sensomotorik und die Sprache.

Kurzüberprüfung, Dokumentation und Förderplanung

Störungen in der Entwicklung der sensomotorischen Koordination sollten möglichst früh im Leben eines Kindes festgestellt werden. Im Kinder- und Jugendalter können fehlende Fähigkeiten im motorischen Bereich noch leicht durch Übung erworben werden.

Es werden die Bereiche Körperschema, Kreuzbewegungen (bilaterale Koordination) und Körperspannung überprüft. Defizite in diesen Bereichen wirken sich negativ auf die Lernfähigkeit in Sprache und Mathematik und das Verhalten der Kinder aus.

Alle Kinder mit einer Lese-Rechtschreib-Schwäche, die von mir in den vergangenen dreieinhalb Jahren überprüft wurden, zeigten Probleme in der sensomotorischen Koordination. Sie hatten Probleme mit der Raum-Lage-Bestimmung bezogen auf ihren eigenen Körper. Auch hatten sie Probleme in der Muskelspannung und in der Ausführung von Überkreuzbewegungen.

Die Fähigkeit die Körpermitte zu kreuzen, gelingt den Kindern zuerst im Bereich des Oberkörpers. Deshalb sollte die Überprüfung bei Kindern ab ca. dem 4. Lebensjahr bis zur ersten Grundschulklasse mit einer Überkreuzung der Arme erfolgen. Ältere Kinder ab der dritten Klasse können die Kreuzung der Körpermitte mit den Armen oft schon recht gut. Für sie ist eine andere Art der Diagnose notwendig. Deshalb werden die folgenden Beschreibungen zur Kurzüberprüfung von Lernvoraussetzungen im Teil A „Förderbedarf feststellen und dokumentieren" im Bereich Überprüfung II Kreuz-Bewegung unterschieden nach: KiTa und Klasse 1, 2 und Klasse 3, 4, 5.

Die Ergebnisse der Überprüfung sollten in eine Förderplanung für Kinder mit festgestellten Problemen münden.

Der Förderplan benennt das festgestellte Problem und beschreibt, wie und mit welchen Mitteln es festgestellt wurde. Diese Information wird benötigt, wenn nach der Förderung festgestellt werden soll, ob die Förderung erfolgreich war: Bei der Wiederholung von Situationen, in denen zuvor Förderbedarf festgestellt worden war, kann überprüft werden, ob die Fördermaßnahmen erfolgreich waren oder nicht.

Danach wird der geplante Förderverlauf in den Förderplan eingetragen. Die Förderung sollte zunächst im motorischen Bereich ansetzen.

1. Beispiel: Ein Kind hat Probleme mit der Kreuzung der Körpermittellinie. Die Fähigkeit die Körpermittellinie zu kreuzen, entwickelt sich im Körper von oben (Oberkörper) nach unten (Füße). Die Förderung würde mit Übungen zum raschen Kreuzen der Arme im Bereich des Oberkörpers beginnen. Gelingt die Bewegung ohne Probleme, kommt die Kreuzung der Arme im Bereich des Unterkörpers oder der Oberschenkel dazu. Danach kann das Kreuzen der Füße trainiert werden.

2. Beispiel: Ein Kind hat Probleme im Bereich der Körperspannung. Die erwachsene Person stellt fest, dass das Kind seinen Schreibdruck mit Stiften nicht steuern kann. Die Förderung beginnt im Bereich der Spannung und Anspannung von Muskeln im ganzen Körper und verstärkt im Oberkörperbereich. Hat das Kind Körperspannung im Bereich des Oberkörpers und der Arme, kann es in der Regel auch seinen Schreibdruck steuern.

Weiter wird im Förderplan die Förderorganisation festgehalten: Es werden die Bereiche der Förderung den verschiedenen Aufgabenbereichen / Fächern und Erziehenden / Lehrkräften zugeordnet.

Der Förderplan KiTa und Klasse 1, 2, 3, 4, 5 befindet sich auf Seite 22.

Es ist wichtig, alle Kinder der Klasse zu überprüfen, da betroffene Kinder oft Vermeidungsstrategien in der Kleinkind- und Kindergartenzeit entwickelt haben. Sie haben gelernt, mit ihren Mängeln zu leben. Die Mängel erscheinen in Alltagssituationen nicht.[8]

---

[3] Die genaueren individuellen Lernvoraussetzungen eines Kindes zu Beginn der ersten Klasse in den Bereichen Motorik, Sprache, allgemeines Verhalten und Mathematik können mithilfe der Beobachtungs- und Dokumentationsbögen meines Buches *Lernen erleichtern*, das 2005 im Mildenberger Verlag erschienen ist, festgestellt werden. Liegen die individuellen Lernvoraussetzungen eines Kindes vor, können begabte Kinder und Kinder mit Defiziten erkannt und früh individuell gefördert werden. Mithilfe von *Lernen erleichtern* kann ein individueller Förderplan für die Förderung des Kindes erstellt werden.

Teil A – Förderbedarf feststellen

KiTa, Klasse 1, 2, 3, 4, 5
Überprüfung I: Raum-Lage-Vorstellung (Körperschema),
Kürzel: Rechts / Links

Gewünschte Fähigkeit
Das Kind soll die Raum-Lage-Begriffe „hinten", „vorne", „links" und „rechts" mit seinem Körper umsetzen.[9]

Beobachtung und Dokumentation
Beteiligte Personen: eine Lehrkraft, ein Kind.
Beobachtungsort: Gruppenraum oder Flur.
Material: Tisch, (oder Stuhl, Matte, Tuch usw.) und jeweils eines der vier Bilder der nächsten Seite.

Beobachtungssituation und Arbeitsauftrag
Die Lehrkraft zeigt dem Kind nacheinander eines der vier Bilder der folgenden Seite, die anderen Bilder sind abgedeckt. Beide Personen blicken aus der gleichen Richtung auf das Bild, sie stehen dazu hintereinander.

Lehrkraft: **„Stelle dich bitte genau so zu dem Tisch / Gegenstand, wie du es auf dem Bild siehst!"** (Die Lehrkraft nennt **keine** Präpositionen wie „neben", „vor", „hinter" usw.)

Das Kind stellt sich mit dem Körper so neben den Tisch, wie der Punkt auf dem Bild neben dem Rechteck erscheint.

Nach dem gleichen Muster wird mit den übrigen drei Bildern verfahren.

Dokumentation im Beobachtungsbogen Seite 21	4 richtig	+
	1 falsch	o
	mehr als 1 falsch	–

Die Überprüfung ist gleichzeitig wichtig für den Lernerfolg im Bereich Sprache (Verwechseln von Buchstaben; b/d, p/g) und Mathematik (Mehr/weniger, Ordnungszahlen usw.)

---

[9] siehe auch: Annette Ostermann, Lernvoraussetzungen von Schulanfängern. Beobachtungsstationen zur Diagnose und Förderung, Horneburg, Persen, 2. Aufl. 2004, S. 58-60, und: Annegret Engel, Lernen erleichtern, Offenburg, Mildenberger, 2005, S. 34-35.

Bilder für Überprüfung I

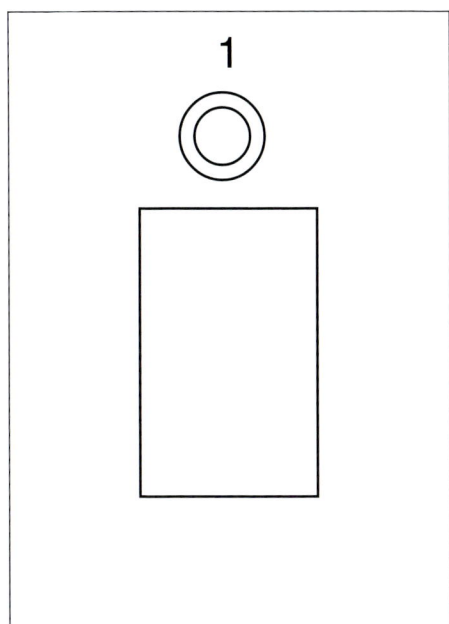

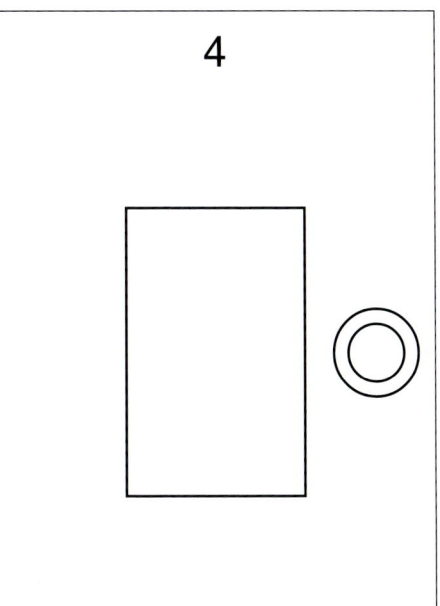

Teil A – Förderbedarf feststellen

KiTa, Klasse 1, 2
Überprüfung II: Kreuzbewegung (kurz KB) und Körperspannung (kurz K)

Gewünschte Fähigkeit
Die rechte und die linke Körperhälfte sollen sich gleichmäßig harmonisch bewegen. Hände und Arme sollen die Körpermittellinie kreuzen. Beim Kreuzen und Strecken der Arme und Finger zeigt es sich, ob ein Kind die Spannung seiner Muskeln empfindet und steuern kann.[10]

Teil 1: Überprüfung der Kreuzbewegung

Beobachtung und Dokumentation

Beteiligte Personen: Die erste Lehrkraft spricht und demonstriert, die zweite Lehrkraft beobachtet die Kinder und dokumentiert. Oder eine Lehrkraft beobachtet eine Gruppe mit je 4 bis 5 Kindern. Dazu müssen die Kinder in der gleichen Reihenfolge stehen, wie ihre Namen auf dem Beobachtungsbogen erscheinen.

Beobachtungsort: Im Gang vor der Klasse während der Frühstückspause oder im Gruppenraum.

Material: keines erforderlich.

Beobachtungssituation und Arbeitsauftrag

Jeweils 4 bis 5 Kinder werden von der Lehrkraft mit Handschlag begrüßt. Die Kinder begrüßen sich gegenseitig. Sie stehen danach, in der Reihenfolge der Namen auf der Beobachtungsliste, nebeneinander mit dem Gesicht zur Lehrkraft. Diese steht den Kindern gegenüber, hebt die eigene rechte Hand und winkt. Sie fordert die Kinder auf: **„Winkt mit der rechten Hand – also mit der Hand, mit der wir uns begrüßt haben."** Die Lehrkraft kontrolliert und korrigiert, spricht weiter und handelt dabei: **„Wir legen die rechte Hand auf die linke Schulter und die linke Hand auf die rechte Schulter."**

Kinder, die keine Probleme mit der Körpermittellinienkreuzung haben, legen die rechte Hand auf die linke Schulter. Kinder mit Problemen legen die rechte Hand auf die rechte Schulter, zögern, wirken unsicher, beginnen unsicher zu stehen, versuchen die Bewegung zu wiederholen oder meinen, rechte Hand auf rechter Schulter sei richtig.

Dokumentation im Beobachtungsbogen Seite 21	Arme gekreuzt	+
	Arme gekreuzt nach Zögern; nach Korektur richtig	O
	rechte Hand auf rechte Schulter	–

---

[10] siehe: Annegret Engel, Lernen erleichtern, Offenburg, Mildenberger, 2005, S. 36.

Anschließend erfolgt

Teil 2: Überprüfung III: Körperspannung

Beobachtung und Dokumentation
Wie beim ersten Teil.

Beobachtungssituation und Arbeitsauftrag
Die Lehrkraft spricht weiter und handelt: „**Wir legen die rechte Hand auf die linke Schulter und die linke Hand auf die rechte Schulter. An unseren Fingern werden jetzt Gummibänder befestigt.**" Die Lehrkraft bewegt dabei leicht die Fingerspitzen. „**Die Gummibänder werden langsam angezogen und ziehen unsere Arme und Finger lang nach vorne.**" Die Lehrkraft bewegt die Hände und Arme nach vorne, bis sie parallel und bis in die Fingerspitzen gestreckt erscheinen.

Kinder, die eine Körperspannung aufbauen können, strecken die Arme und Finger bis in die Spitzen aus, ohne unsicher zu erscheinen, und bewegen die rechte und die linke Körperhälfte harmonisch und gleichmäßig beim Kreuzen der Körpermittellinie. Kinder mit Problemen in der Körperspannung können die Arme nicht ohne Beugung in den Ellenbogen lang ausstrecken. Sie lassen die Finger mehr oder weniger gekrallt.

Dokumentation im Beobachtungsbogen Seite 21	Arme und Finger gestreckt	+
	Arme gestreckt, Finger leicht gekrümmt	O
	Arme krumm, Finger krumm	–

Teil A – Förderbedarf feststellen

Klasse 3, 4, 5
Überprüfung II: Kreuz-Bewegung (Fortsetzung III Körperspannung)

Gewünschte Fähigkeit
Die rechte und die linke Körperhälfte eines Kindes sollten sich gleichmäßig harmonisch bewegen. Die Arme sollen die Körpermittellinie mit fließender Bewegung kreuzen. Beim Kreuzen und Strecken der Arme und Finger zeigt es sich, ob das Kind die Spannung der Muskeln empfinden und steuern kann.

Überprüfung II: Kreuz-Bewegung

Beobachtung und Dokumentation
Eine Lehrkraft beobachtet ein Kind.

Beobachtungsort: In der Klasse oder im Flur vor der Klasse während der Frühstückspause oder in einem Gruppenraum.

Beobachtungssituation und Arbeitsauftrag
Das Kind wird von der Lehrkraft mit Handschlag begrüßt. Es steht danach mit dem Gesicht zur Lehrkraft. Die Lehrkraft steht mit dem Gesicht zum Kind, spricht und handelt dabei: **„Wir führen den rechten Ellenbogen zum linken Knie, richten uns auf und führen den linken Ellenbogen zum rechten Knie."**

Kinder, die keine Probleme mit der Kreuzung der Körpermittellinie haben, führen ohne zu zögern den rechten Ellenbogen zum linken Knie. Kinder mit Problemen bewegen sich jedoch unsicher: Sie schauen auf den rechten Ellenbogen, heben zögernd den linken Unterschenkel, hampeln schwankend auf dem rechten Bein, bewegen den Ellenbogen wieder zurück, zögern, beginnen unsicher zu stehen, versuchen die Bewegung zu wiederholen und führen die Bewegung ganz langsam und eckig wirkend aus.

	Kreuzung zügig	+
Dokumentation im Beobachtungsbogen Seite 21	Kreuzung nach Zögern, nach Korrektur richtig	O
	Kreuzung langsam nach 2 bis 3 Versuchen	−

Klasse 3, 4, 5
Überprüfung III: Körperspannung

Das zu beobachtende Kind steht mit dem Gesicht zur Lehrkraft. Die Lehrkraft steht mit dem Gesicht zum Kind, spricht und handelt dabei:

„Wir legen die rechte Hand auf die linke Schulter und die linke Hand auf die rechte Schulter. Anschließend strecken wir die Arme und Finger lang nach vorne aus."

Die Lehrkraft bewegt die Hände von den Schultern vor den Körper, löst die Kreuzung der Arme, bis die Hände und die Arme parallel nach vorne zeigen und bis in die Fingerspitzen gestreckt erscheinen.

Kinder, die eine Körperspannung aufbauen können, strecken die Arme und Finger sicher bis in die Spitzen aus und bewegen die rechte und die linke Körperhälfte harmonisch und gleichmäßig beim Kreuzen der Körpermittellinie.

Kinder mit Problemen in der Körperspannung können ohne leichte Beugung in den Ellenbogen die Arme nicht lang ausstrecken. Sie lassen die Finger mehr oder weniger gekrümmt.

Dokumentation im Beobachtungsbogen Seite 21	Arme und Finger gestreckt	+
	Arme gestreckt, Finger leicht gekrümmt	O
	Arme krumm, Finger krumm	−

KiTa, Klasse 1, 2, 3, 4, 5
Überprüfung IV: Gleichgewicht

Das zu beobachtende Kind steht neben der Lehrkraft. Die Lehrkraft spricht: „Hüpfe bitte mit dem rechten Fuß auf der Linie entlang, die du auf dem Fußboden siehst bis zum … (Lehrkraft bezeichnet eine Position etwa im Abstand von 6 bis 8 Hüpfern). **„Drehe dich um und hüpfe bitte mit dem linken Fuß auf der Linie, die du auf dem Fußboden siehst, bis zu mir zurück!"**

(Es sollten ca. jeweils 6 – 8 Hüpfer ausgeführt werden.)

Das Kind sollte sicher und zügig hüpfen und dabei leichte Ausgleichsbewegungen mit den Armen zur Stabilisierung ausführen. Kinder mit Problemen im Gleichgewichtsbereich zeigen heftige, unkoordiniert erscheinende Bewegungen mit den Armen, schwanken, tippen zwischen den Hüpfern mit dem Fuß auf den Boden neben der Linie / dem Balken.

Dokumentation im Beobachtungsbogen Seite 21	Hüpft / Geht zügig und sicher mit leichten Ausgleichsbewegungen der Arme	+
	Zeigt heftige Ausgleichsbewegungen mit den Armen beim Hüpfen / Gehen	o
	Tritt neben die Linie / den Balken	−

Alternative:

Die Beobachtung kann auch sehr gut im Sportunterricht mithilfe einer umgedrehten Langbank oder eines Schwebebalkens durchgeführt werden. Das Kind balanciert (hüpft also nicht) über die umgedrehte Bank. Dabei kann die Schwierigkeit erhöht werden, wenn das Kind sich in der Mitte des Balkens dreht.

KiTa, Klasse 1, 2, 3, 4, 5

Name	I Rechts / Links	II Kreuz-bewegung	III Körper-spannung	IV Gleich-gewicht
1				
2				
3				
4				
5				
6				
7				
8				
9				
10				
11				
12				
13				
14				
15				
16				
17				
18				
19				
20				
21				
22				
23				
24				
25				
26				
27				
28				
29				
30				

Dokumentation

© Mildenberger Verlag

Förderplan für:	Geb.: _____ Klasse: _____
	Zeit: von _____ bis _____
Problembeschreibung	festgestellt durch
geplanter Förderverlauf	
Organisation	Überprüfung nach Förderung

Teil A – Förderung organisieren

Förderung in der Großgruppe

Regeln und Rituale

Kinder mit Förderbedarf fallen im Deutsch- und Mathematikunterricht oft durch Störungen in der Handlungsplanung und -steuerung auf. Ihre Handlungsplanung ist gestört, weil ihre Vorstellung vom eigenen Körper im Raum nicht ausreichend entwickelt ist. Ihre Probleme werden auf den Seiten 6 bis 8 beschrieben.

Kinder mit den dort genannten Problemen haben Schwierigkeiten, Lerninhalte in freien Arbeitsformen wie Wochenplanarbeit oder Arbeit an wechselnden Stationen aufzunehmen. Sie müssen zur Selbstorganisation und Selbsteinschätzung angeleitet werden. Sie lernen die Arbeitsformen durch ständige Wiederholung, bei immer gleichen oder ähnlichen Abläufen im Unterricht. Wiederkehrende Strukturen und Rituale helfen solchen Kindern, Sicherheit zu gewinnen und sich angenommen und wohlzufühlen. Fremdes, wie eine neue Schulumgebung, wird diesen Kindern so leichter vertraut.

Viele Kinder mit Förderbedarf haben im Alltag einen Mangel an Bewegung. Sie beginnen den Tag mit einem Frühstück vor dem Fernseher – oder vielleicht gar keinem Frühstück. Danach wird das Kind mit dem Auto zur Schule gefahren, weil sich die Eltern eilig auf dem Weg zur Arbeit befinden. Das Mittagessen findet zu wechselnden Zeiten statt, je nach Schulschluss der Kinder oder Arbeitsschluss der Eltern. Der Nachmittag ist von den Freizeitterminen der Kinder und den Verabredungen oder Verpflichtungen der Eltern geprägt. Der Abend wird vom Fernsehprogramm, dem Dienstschluss der Eltern und eventuell noch zu machenden Hausaufgaben bestimmt. Das Abendbrot wird in den Familien teilweise vor dem Fernseher eingenommen. Der Tagesablauf dieser Kinder ist wechselnd und oft unstrukturiert. Strukturen durch Regeln und Rituale geben Kindern in einer sich schnell verändernden Umgebung Sicherheit.[11]

Kinder können Eindrücke nicht so schnell verarbeiten wie Erwachsene: Die Vernetzungen ihrer Gehirnzellen bilden sich noch aus – auf Reize kann ihr Gehirn daher nicht so schnell reagieren wie das Gehirn eines Erwachsenen. Sie benötigen Zeit und Ruhe, um sich auf Veränderungen, wie z. B. eine Einschulung, einzustellen. Nach Hartmut von Hentig bieten die „drei R: Regeln, Reviere, Rituale" den Kindern Orientierung.[12] Sie zeigen ihnen an, wohin sie und ihre Umgebung gehören. In einer ritualisierten Umgebung kann Neues von den Kindern leichter angenommen werden.

Der Zeitraum eines Schulvormittags ist für Kinder zunächst nicht überschaubar. Er wird für sie durch das Läuten einer Glocke strukturiert. Kinder in der ersten Klasse wissen eine längere Zeit nicht, wann welche Lehrkraft zu ihnen kommt. Für Kinder mit Störungen in der Handlungsplanung und Handlungssteuerung hat die Unterrichtsorganisation bis zum Ende der dritten Klasse keine durchschaubare Struktur. Rituale bringen eine wiedererkennbare Struktur in den Schulvormittag.

---

[11] Autorenteam Laborschule, So funktioniert die Offene Schuleingangsstufe, Mühlheim, Verlag an der Ruhr, 2005, S.14-15.
[12] a.a.O., S. 73.

Teil A – Förderung organisieren

Der Beginn, der Anfang und das Ende einer Einheit, die Bewegungspause und das Ende des Tages können mit Spielen und Liedern gekennzeichnet werden. Die Kinder erkennen, an welcher Stelle des Vormittags sie sich befinden. Der „lange" Schulvormittag erhält so eine Einteilung, die sie überschauen können. Die überschaubaren Zeiteinheiten geben ihnen ein Gefühl der Sicherheit. Das gilt besonders für die Kinder mit einer Störung in der Handlungsplanung und -steuerung.

Werden Spiele und Lieder regelmäßig täglich etwa zur gleichen Zeit ausgeführt, so bilden sich Rituale für eine Großgruppe heraus. Die Spiele und Lieder strukturieren den Schulvormittag. Die Klassengemeinschaft wird durch sie gestärkt: Alle Mitglieder der Gemeinschaft führen sie zusammen aus.

Johanna Harder von der Laborschule Bielefeld nennt Regeln und Rituale die „unsichtbare Wand", die die Kinder hält.[13] Die Rituale des Schulvormittags können diese Wand sein, welche die Kinder hält und ihnen so ein sicheres Gefühl vermittelt.

Eine Förderung ist umso wirkungsvoller, je häufiger sie durchgeführt wird. Täglich 5 Minuten Übung bewirken in der Krankengymnastik mehr als ein wöchentliches Training von 30 Minuten. Das Gleiche gilt auch für die Förderung in der Schule. Die regelmäßige Wiederholung festigt die Verknüpfung der beteiligten Gehirnareale und die Verbindungen der Gehirnzellen. Wahrnehmungsprozesse und Handlungen können dann schneller ablaufen.

Musik

Die Musik spielt bei der motorischen und sprachlichen Förderung eine besondere Rolle. Sie verknüpft auf besonders wirkungsvolle Weise die rechte und linke Gehirnhälfte. Genau hier haben viele Kinder mit Förderbedarf ein Problem, wie die Überprüfung der Körpermittellinien-Kreuzung von Kindern mit Lese-Rechtschreib-Schwäche zeigt. Melodien werden eher in der linken Gehirnhälfte verarbeitet und der Rhythmus in der rechten Gehirnhälfte. So verknüpft Musik die linke und rechte Gehirnhälfte. Musik hören bzw. machen aktiviert die Nervenzellen des Frontalhirns und fördert die Gedächtnisleistung. Die Musik hat Einfluss auf körperliche, emotionale und kognitive Prozesse über das limbische System des Gehirns, auf das nicht direkt Einfluss genommen werden kann. Positive Erwartungshaltungen und Lerneinstellungen werden durch Musik auf- und Lernbarrieren in Form von Angst und Abwehr abgebaut. Musikerfahrung ist ein komplexer Prozess, der sich in vielen Arealen unseres neuronalen Netzwerkes niederschlägt. Wird eine Förderung von Bewegungsabläufen mit Musik unterstützt, verstärkt sich die Förderwirkung.

Die Rhythmik fördert das Erkennen von Längen. Das Textverständnis im Fach Deutsch und das Längen- und Größenverständnis in der Mathematik setzt diese Fähigkeit voraus. Die Bewegungen von Zunge und Mund in Verbindung mit dem

---

[13] a.a.O., S. 73.

Luftstrom fördern das deutliche Sprechen. Die Melodik der Sprache ist zum Sinnverständnis von Wörtern und Sätzen notwendig. Das Singen fördert die Aussprache und das Sprachverständnis. Die Einübung der Texte trainiert das Sprachgedächtnis. Motorische Förderung kann unterstützt von Reimen und Musik gleichzeitig eine Sprachförderung sein.

Bewegung im Unterricht wirkt sich positiv auf die Konzentrationsfähigkeit aller Kinder aus. Sie sind aufmerksamer und können dem Unterricht besser folgen, da ihr Stoffwechsel angeregt und das Gehirn so aktiviert wird. Die Unruhe in der Klasse verringert sich. Gemeinsame Spiele und Lieder fördern das Gruppengefühl, steigern allgemein durch Bewegung die Konzentrationsfähigkeit aller Kinder, schaffen eine entspannte Lernatmosphäre und fördern die Sensomotorik bei Kindern mit Förderbedarf. Ein Tag mit Bewegungspausen läuft für Kinder und Erziehende / Lehrende entspannter ab.

Die täglich durchgeführten Spiele und Lieder bieten der Lehrkraft die Möglichkeit, zu diesem Zeitpunkt Kinder mit Förderbedarf individuell zu fördern. Die Lehrkraft weiß nach der Überprüfung der Kinder, welche von ihnen Förderbedarf haben. Diese Kinder können während der Spiele und Lieder in die Nähe der Lehrkraft geholt und von ihr besonders beachtet werden. Die Ausführung der Körperbewegungen, die Körpermittellinien-Kreuzung, der Aufbau von Körperspannung, das Ausführen rhythmischer Bewegungen, das Klatschen eines Rhythmus, die Artikulation von Lauten und Wörtern, das Singen einer Melodie muss bei Kindern mit Förderbedarf beachtet und korrigiert werden. Wird dem einzelnen Kind geholfen, wird es korrigiert und angeleitet, so erfolgt eine individuelle Förderung des Kindes.

Es dauert zum Teil lange, bis ein Kind mit Förderbedarf bestimmte Bewegungen korrekt ausführen kann. Mit Variationen oder anderen schwierigeren Spielen und Liedern sollte erst dann weitergearbeitet werden, wenn das Kind die einfachen Übungen beherrscht.

Die Teilbereiche, die mit den angegebenen Spielen und Liedern gefördert werden können, werden im Teil B dieses Buches genannt.

Teil A – Förderung organisieren

Beispiel zur Förderorganisation

Auf dieser und den folgenden Seiten werden Beispiele für die Anwendung der Spiele und Lieder zur Förderung an einem Morgen beschrieben. Alle Kinder der Gruppe / Klasse sind dabei anwesend. Die individuelle Förderung von Kindern erfolgt im Klassen- oder Lernverband. Die genannten Förderübungen werden im Teil B auf den angegebenen Seiten beschrieben.

Beispiel: Praktische Förderübungen

1. Einheit	
Begrüßungsritual zu Tagesbeginn	Das Begrüßungsritual „Begrüßungsschlange" (Übung 1, Seite 38) fördert die Überkreuzbewegung, die Körperspannung, die Konzentration, die bilaterale Koordination und die Kontaktaufnahme.
Bewegungspause nach ca. 15–20 Minuten Unterricht	Wird in der Gruppe täglich eine Bewegungspause durchgeführt, so ist die Förderung der Körperspannung mit dem „Gummimännchen-Spiel" (Übung 40, Seite 120) möglich.
Einheitsabschluss	Hüpfen die Kinder auf einem Bein aus der Klasse in die Pause (Übung 51, „Hüpfen", Seite 144), so findet eine Förderung der Körperspannung und des Gleichgewichts statt.

2. Einheit	
Beginn	„Ruhe atmen" (Übung 5, Seite 48) fördert die Wahrnehmung des eigenen Körpers und führt im Klassenraum zu ruhigem und aufmerksamem Verhalten vor der Erteilung von Arbeitsaufträgen.
Bewegungspause nach ca. 15–20 Minuten	Stehen die Kinder auf und schwingen die Arme vor- und seitwärts mit rhythmischem Kniebeugen (Übungen 35 und 36, „Klassenballett I" und „Klassenballett II", Seiten 110 und 112), so findet eine Förderung der Körperspannung, der Körperrhythmik und der Konzentration statt.
Einheitsabschluss	Klatschen und sprechen die Kinder Klatschspiele wie „Bei Müllers …" (Übung 64, Seite 170), so findet eine Förderung des Sprechrhythmus, des Sprachgedächtnisses, der phonologischen Bewusstheit, der bilateralen Koordination und der Körperspannung statt.

3. Einheit	
Beginn	Ein Lied wie „Mach's gerade so wie ich" (Übung 25, Seite 88) mit Bewegung über die Körpermittellinie fördert den Sprechrhythmus, das Sprachgedächtnis, die phonologische Bewusstheit (Laute, Silben, Reime), durch Rhythmus die Vorläuferfähigkeiten der Lesefähigkeit, die Körperspannung, die Konzentration und die bilateralen Koordination.
Bewegungspause nach ca. 15–20 Minuten Unterricht	Das Lied „Dumba-Hit" (Übung 31, Seite 102) fördert die Körperspannung, die Konzentration und das Sprachverhalten aller Kinder.
Einheitsabschluss	Sprechen die Kinder Zungenbrecher und führen dabei Überkreuzbewegungen aus (Übung 60, „Bewegte Zungenbrecher", Seite 162), so wird eine Förderung des Sprechrhythmus, des Sprachgedächtnisses, der Körperspannung, der Konzentration und der bilateralen Koordination erreicht.

4. Einheit	
Beginn	Klopfen die Kinder einen Rhythmus wie bei „Indianertelefon" (Übung 12, Seite 62), so wird die Längenwahrnehmung und die Körperspannung gefördert.
Bewegungspause nach ca. 15–20 Minuten Unterricht	„Körperklopfer" (Übung 33, Seite 106) fördert die motorischen und sprachlichen Bereiche sowie Grammatik und Satzbildung.
Tagesabschluss	Das auf Seite 192 genau beschriebene Abschlussritual (Übung 74, „Ab nach Haus!") fördert den Sprechrhythmus, das Sprachgedächtnis, die Körperspannung, die Konzentration, die bilaterale Koordination und das Sozialverhalten.

Teil A – Förderbedarf feststellen und ...

Literaturverzeichnis

Arends, Meike — Holta di Polta. Pädagogisch-therapeutisches Übungsmaterial zur Förderung der phonologischen Bewusstheit. Für Kinder mit auditiven Wahrnehmungs- und Verarbeitungsstörungen, Vorschule bis Kasse 3, Sprachtherapie, Elternhaus, Offenburg, Mildenberger, 2005.

Autorenteam Laborschule — So funktioniert die Offene Schuleingangsstufe, Mühlheim, Verlag an der Ruhr, 2005.

Barth, Karlheinz, Dr. — Entwicklungs-Beobachtungsbogen für Kinder von 5 Jahren bis zur ersten Klasse: Eltern-/ErzieherInnenbogen, Kevelaer, 2005.

Blumenstock, Leonhard — Handbuch der Leseübungen, Weinheim/Basel, Beltz, 1991.

Braun, Dorothee/ Luckfiel, Heide — in: Christiani, Reinhold (Hrsg.), Schuleingangsphase: neu gestalten. Diagnostisches Vorgehen – Differenziertes Fördern und Förderpläne – Jahrgangsübergreifendes Unterrichten, Berlin, Cornelsen Scriptor, 1. Auflage 2004.

Breuer, Helmut/ Weuffen, Maria — Lernschwierigkeiten am Schulanfang, Weinheim/Basel, Beltz, 2000.

Danuser, Elisabeth; Stocker, Edith; Zwicker, Markus (Hrsg): — Rhythmik, Musik und Bewegung in der Volksschule. Grundlagen, Unterrichtsbereiche, Schwerpunkte, Praxis. Zürich 2001, siehe http://www.rhythmik.ch/download/Volksschule_ZH.pdf , aufgerufen am 03.07.2009.

Engel, Annegret — Fortbildung erleichtern, Offenburg, Mildenberger, 2007.

Engel, Annegret — Lernen erleichtern, Offenburg, Mildenberger, 2005.

Engel, Annegret/ Hehemann, Christa — Fördern erleichtern mit Ritualen. CD mit 20 Liedern, als Vokal- und Instrumentalversion, Offenburg, Mildenberger, 2009.

Fischer, Erhard — Wahrnehmungsförderung. Handeln und Sinnliche Erkenntnis bei Kindern und Jugendlichen. Dortmund, Borgmann 1998.

Gasse, Michael, Dr. — Lernen braucht Bewegung, in: Pluspunkt, Wiesbaden, Ausgabe 2/2005.

Hasler, Ludwig	Basler Magazin, Nr. 3, 18.1.2003, Seiten 8-9.
Hering, Wolfgang	Aquaka della Oma. 88 alte und neue Klatsch- und Klanggeschichten mit Musik und vielen Spielideen, Münster, Ökotopia, 1998.
Hillenbrand, Clemens, Prof. Dr.	Klassenregeln machen Spaß, in: Schule NRW, 05/2007.
Hollbach, Hans Werner	Hörtraining zur Entwicklung der phonologischen Bewusstheit. Für Kinder mit Rechtschreibschwäche ab Klasse 3. Übungsmaterialien für Lehrer, Eltern und Therapeuten, Offenburg, Mildenberger, 2005.
Hüther Gerald	Die Evolution der Liebe, Göttingen, Vandenhoek & Ruprecht, 2007.
Hüther, Gerald	Bedienungsanleitung für ein menschliches Gehirn, Göttingen, Vandenhoek & Ruprecht, 2006.
Koster, Monika/ Naumann, Jürgen (Hrsg.)	Kinderland. Die schönsten deutschen Reime und Kinderlieder, Köln, Lingen, 1981.
Kuhn, Klaus/ Handt, Rosmarie	ABC der Tiere. Lesezirkus. Zusätzliches Lesematerial zu „Lesen in Silben", Offenburg, Mildenberger, 2003.
Ledl, Viktor	Kinder beobachten und fördern. Eine Handreichung zur gezielten Beobachtung und Förderung von Kindern mit besonderen Lern- und Erziehungsbedürfnissen, Wien, Jugend und Volk, 2003.
Ministerium für Schule, Jugend und Kinder des Landes Nordrhein-Westfalen (Hrsg.)	Erfolgreich starten! Schulfähigkeitsprofil als Brücke zwischen Kindergarten und Grundschule. Eine Handreichung. Schriftenreihe Schule in NRW. Nr. 9039, Frechen, Rittersbach, 2003.
Ostermann, Anette	Lernvoraussetzungen von Schulanfängern. Beobachtungsstationen zur Diagnose und Förderung, Horneburg, Persen, 2. Auflage 2004.
Quast, Ulrike	Leichter lernen mit Musik. Theoretische Prämissen und Anwendungsbeispiele für Lehrende und Lernende. Bern u.a. 2005.
Riegel, Katrin	Zu Eis erstarrt – geschmolzen in der Sonne, in: Praxis Grundschule, Braunschweig, Westermann, Heft 1/2005.

Teil A – ... Förderung organisieren

Rittmeyer, Christel	Kompendium Förderdiagnostik. Prinzipien, Methoden und Einsatzbereiche, Horneburg, Persen, 2005.
Roth, Gerhard	Fühlen, Denken, Handeln, Frankfurt a.M., Suhrkamp 2003.
Roth, Gerhard	BBAW 10. Heft – Gerhard Roth: DIE ZUKUNFT DES GEHIRNS.
Roth, Gerhard	Das verknüpfte Gehirn: Bau und Leistung neurobiologischer Netzwerke, DVD, Jokers Edition, Auditorium Netzwerke, Habspergstraße 9a, 79379 Müllheim/Baden.
Schirp, Heinz, Dr.	Knigge für die Schule?, in: Pluspunkt, Wiesbaden, 4/2005.
Schmid, Max	Wir geben uns Regeln, in: Pluspunkt, Wiesbaden, 4/2005
Spitzer, Manfred	Lernen. Gehirnforschung und die Schule des Lebens, Heidelberg/Berlin, Spektrum Akademischer Verlag, 2002.
ders.	Vorsicht Bildschirm. Elektronische Medien, Gehirnentwicklung, Gesundheit und Gesellschaft, Stuttgart, Klett, 2005.
Strauch, Barbara	Warum sie so seltsam sind, BvT Berlin, 2007.
Streubier, Andrea (Hrsg.)	Fingerspiele für viele ..., Badallee 47, 25826 St. Peter-Ording, Oktober 2001.
Thiesen, Peter	Himmel, Hölle & Co. Die schönsten Hof-Platz-Straßen-Garten-Wiesen-Spiele für Kindergarten, Schule und Familie, Weinheim/Basel, Beltz, 1999.
Thurn, Bernhard	Mit Kindern szenisch spielen, Frankfurt a. M., Cornelsen Scriptor, 1992.
Ylva, Ellneby	Die Entwicklung der Sinne?, Wahrnehmungsförderung im Kindergarten. Freiburg im Breisgau, Lambertus, 1997.
Zimmer, Renate, Dr.	Bewegung – Motor des Lernens, in: Pluspunkt, Wiesbaden, Ausgabe 2/2005.
Zimmer, Renate	Handbuch der Sinneswahrnehmung, Grundlagen einer ganzheitlichen Bildung und Erziehung. Freiburg im Breisgau, Herder, 2005.

Teil B
Förderspiele und -lieder

Teil B – Inhalt

Verwendete Zeichen und Abkürzungen 35
Verzeichnis der Lieder auf der Begleit-CD 36

Begrüßungsrituale 37

1. Begrüßung und Kennenlernen: Begrüßungsschlange 38
2. Begrüßung mit Körperübungen: Guten Morgen und Arme gestreckt! . . . 40
3. Begrüßung bekannter Kinder: Hallo Fingerspitzen! 42
4. Begrüßungslied mit Körperübungen: Hallo, hallo, ich bin jetzt hier! 44

Beginn der nächsten Einheit / Stundenbeginn 47

Motorik
5. Konzentrations-, Wahrnehmungs- und Atemübung: Ruhe atmen 48
6. Übung zum Körperschema: Körperklatscher 50
7. Übung zum Körperschema und zur Kreuzbewegung: Kreuz und quer
   über den Körper 52
8. Übung zum Körperschema und zur Kreuzbewegung: Kniepatscher 54
9. Übung zur Überkreuzbewegung/Kennenlernspiel: An meine rechte
   Seite wünsche ich mir … 56
10. Übung zum Körperschema und zur Überkreuzbewegung: Ohrengreifer . 58

Rhythmik
11. Übung zur rhythmischen Differenzierungsfähigkeit: Silbenpost 60
12. Übung zur rhythmischen Differenzierungsfähigkeit: Indianertelefon 62
13. Übung zum Körperschema, zur Körperspannung und zur
    Körperrhythmik: Fußschaukel 64
14. Übung zur Kräftigung der Fingermuskulatur: Bällchen kneten 66

Hautsinn
15. Übung zum Hautsinn: Einkaufen 68

Fingerspiele: Hautsinn, Sprache, Motorik, Rhythmik
16. Fingerspiel: Fünf Männlein im Wald 70
17. Fingerspiel: Das ist der Daumen … 72
18. Fingerspiel: Himpelchen und Pimpelchen 74
19. Fingerspiel: Guten Tag, liebe Sonne! 76

Motorik
20. Mundspiel: Schaut ein Mäuschen aus dem Häuschen 78

Sprache
21. Übung zur melodischen Differenzierungsfähigkeit: Kuchen-Vers 80
22. Übung zur melodischen Differenzierungsfähigkeit: Unsinnsreim 82

Lieder: Rhythmik, Sprache, Motorik

23. Bewegungslied zur Förderung der melodischen Differenzierungsfähigkeit:
    Boogie-Woogie 84
24. Bewegungslied zur Förderung der Mundmotorik:
    Das Gespenst in der Schule 86
25. Bewegungslied zur Förderung der Überkreuzbewegung und
    Körperspannung: Mach's gerade so wie ich 88
26. Bewegungslied zur Förderung der melodischen Differenzierungsfähigkeit:
    Was müssen das für Bäume sein 90
27. Bewegungslied zur Förderung der Artikulation der Vokale:
    Drei Chinesen mit dem Kontrabass 92

Bewegungspause 95

Bewegungslieder: Rhythmik, Sprache, Motorik, Konzentration

28. Rap zur Einführung einer Bewegungspause: Stift-und-Papier-Rap 96
29. Rap mit Bewegungsfolgen zur Lockerung des Körpers: Bewegungs-Rap . 98
30. Lied mit Bewegungsfolgen zur Lockerung des Körpers: Der Elefant ist fit 100
31. Lied mit Bewegungsfolgen zur Lockerung des Körpers: Dumba-Hit 102

Rhythmik

32. Übung zur rhythmischen Differenzierungsfähigkeit: Reime klatschen 104
33. Berührungsspiel zur rhythmischen Differenzierungsfähigkeit:
    Körperklopfer 106
34. Übung zur rhythmischen Differenzierungsfähigkeit
    (Vorübung zu 35, 36, 37): Kniewippe 108
35. Übung zur rhythmischen Differenzierungsfähigkeit: Klassenballett I 110
36. Übung zur rhythmischen Differenzierungsfähigkeit: Klassenballett II ... 112
37. Übung zur rhythmischen Differenzierungsfähigkeit: Pop-Tanz 114
38. Übung zur rhythmischen Differenzierungsfähigkeit mit
    Überkreuzbewegung: Ri, ra, ru-tschi-ka 116

Motorik

39. Bewegungsfolge zur Lockerung des Körpers: Klein und groß 118
40. Übung zur Lockerung des Körpers und zur Körperspannung:
    Das Gummimännchen-Spiel 120
41. Übung zur Überkreuzbewegung mit positiver Verstärkung: Schulterklopfer 122
42. Bewegungsspiel mit Überkreuzbewegung: Autorennen 124
43. Übung zum bewussten Bewegen: Achtung, Aufnahme! 126
44. Übung zur Mund- und Zungenbeweglichkeit: Wichtel-Akrobatik 128

Teil B – Inhalt

Bewegungspause (Fortsetzung)

Hautsinn
45. Berührungsspiel mit positiver Verstärkung: Liebes Kind! 130
46. Berührungsspiel: Neugieriges Mäuschen 132
47. Berührungsspiel: Was wird da geschrieben? 134
48. Berührungsspiel: Plätzchen backen 136

Fingerspiele: Hautinn, Sprache, Motorik, Rhythmik
49. Fingerspiel: Mein schiefes Häuschen 138
50. Fingerspiel: Gewitterregen 140

Einheitsabschluss / Stundenabschluss 143

Motorik
51. Bewegungsübung mit Körperspannung: Hüpfen 144
52. Reaktionsspiel: Roboterspiel 146
53. Reaktionsspiel mit Körperspannung: Zu Stein erstarrt 148
54. Überkreuzbewegung mit erhöhtem Schwierigkeitsgrad: Kreuzgang I 150
55. Überkreuzbewegung mit erhöhtem Schwierigkeitsgrad: Kreuzgang II ... 152
56. Gleichgewichtsübung: Schwebebalken 154
57. Bewegungs- und Sprachspiel: Der Riese Timpetu 156

Sprache
58. Übung zur Sprachförderung: Fischers Fritz 158
58. Übung zur Sprachförderung: In der Zungenbrecherei 160
60. Übung zur Sprachförderung und rhythmischen Differenzierungsfähigkeit: Bewegte Zungenbrecher 162
61. Auszählreim: Aus die Maus! 164
62. Auszählreim: Meeresreise 166

Sprache und Motorik
63. Klatschspiel: Max und Moritz 168
64. Klatschspiel: Bei Müllers … 170
65. Klatschspiel: Aramella 172

Lieder: Rhythmik, Sprache, Motorik, Konzentration
66. Bewegungslied: Pausen-Rap 174
67. Bewegungslied: Jetzt geht's in die Pause rein 176
68. Bewegungslied: Si ma ma kaa 178
69. Bewegungslied: Epo i tai tai 180
70. Lied: Maus und Katze 182
71. Lied: Hey du! 184

Begrüßungsrituale

In unserem Kulturkreis ist es seit langer Zeit üblich, sich per Handschlag zu begrüßen. In den letzten Jahren wurde diese Sitte häufig von einem freundlichen „Hallo" und einem Winken in die Runde abgelöst. Die Begrüßung per Handschlag erschien zu steif und konservativ, die nähere Kontaktaufnahme mit einer Handberührung vielleicht zu verbindlich.

Die Begrüßung per Handberührung entstand aus einem tieferen Sinn heraus: Die rechte Hand war die Waffenhand. Zeigte man seinem Gegenüber die Handfläche der rechten Hand, so signalisierte man damit: Schau her, ich bin unbewaffnet und komme in friedlicher Absicht! Die Berührung der Haut des Gegenübers stellte den Kontakt zum Mitmenschen her.

Diese Kulturtechnik wird von ca. einem Drittel der Schulkinder beherrscht. Viele Kinder benötigen aber die Gelegenheit und die Anleitung in der Schule, um die höfliche und respektvolle Begrüßung des Mitmenschen einzuüben. Grundschulkinder, die sich per Handschlag und mit einem freundlichen Satz begrüßt haben, gehen danach rücksichtsvoller miteinander um.

Begrüßung und Kennenlernen

1) Begrüßungsschlange

■ Förderung Motorik

■ Förderung Sprache

Die Kinder stellen sich im Kreis auf. Die Lehrkraft demonstriert die Begrüßung mit einem Kind. Sie reicht ihm die Hand und sagt:

„Guten Morgen! Ich heiße Frau …!"

Das Kind antwortet:

„Guten Morgen, Frau …! Ich heiße Anton."

Danach gehen die Lehrkraft und das begrüßte Kind zu je einem anderen Kind und begrüßen es jeweils auf die beschriebene Weise. Die Kinder nennen dabei ihren eigenen Namen.

Haben die Kinder den Ablauf verstanden, so begrüßt die Lehrkraft das Kind im Kreis zu ihrer rechten Seite. Dann begrüßt sie das nächste Kind in der Reihenfolge und wiederholt den Vorgang, bis sie das letzte Kind erreicht hat. Das zuerst begrüßte Kind folgt dem Beispiel und begrüßt nach der Lehrkraft das Nachbarkind zur rechten Seite. Auf die gleiche Art schließen sich die Kinder in einer langen Reihe an und begrüßen sich so alle gegenseitig. Dabei rollt sich der Kreis langsam auf. Hat das von der Lehrkraft zuerst begrüßte Kind dann das letzte Kind im Kreis begrüßt, verlässt es die Runde und setzt sich auf seinen Platz. Die anderen Kinder folgen entsprechend in einer langen, sich auflösenden Schlange.

Variationen

1. Die oben beschriebene Begrüßung erfolgt unter Kindern, die sich nicht kennen. Kennen sie sich, so erfolgt die Begrüßung so:

    „Guten Morgen, Julia!" – „Guten Morgen, Anton."

Teil B – Verwendete Zeichen und Abkürzungen

72. Lied: Atte, katte, Pause 186
73. Lied mit Bewegungen: Tierischer Unsinn 188

Abschlussrituale / Schulschlussrituale 191

74. Abschlussritual: Ab nach Haus! 192
75. Abschiedslied: Ri, ra, raus! 194
76. Abschieds-Rap: Also tschüss! 196
77. Abschlussritual: Tschüss! 198

Verwendete Zeichen und Abkürzungen

Motorik

| Raum-Lage-Körper |  Überkreuzbewegung |  Hautsinn |  Körperspannung |  Gleichgewicht |

Sprache

| Artikulation |  Sprachgedächtnis |  Sprachrhythmus |

Klassenstufen

| Kindertagesstätte | 1. Schuljahr |  2. Schuljahr | 3. Schuljahr |  4. Schuljahr | 5. Schuljahr |

Lieder

Musik-CD
Bestell-Nr. 140-31

Bewegungen in Kurzform, wie sie über den Liedern erscheinen, werden immer alleine ohne Partner ausgeführt:

re	rechts	ÜK	Überkreuzbewegung der Hände oder Füße über die Körpermittellinie
li	links	ÜK pa	überkreuz gleichzeitig mit beiden Händen auf die Oberschenkel patschen
pa	gleichzeitig mit beiden Händen auf die Oberschenkel patschen	ÜK Sch	überkreuz gleichzeitig mit beiden Händen auf die Schultern patschen
kla	klatschen	stampf	stampfen
		hü	hüpfen

Teil B – Verzeichnis der Lieder auf der Begleit-CD

Lied-Nr.	Titel	Dauer
1.	Hallo, hallo, ich bin jetzt hier!	1:09
2.	Hallo, hallo, ich bin jetzt hier! – Instrumental	1:09
3.	Boogie-Woogie – 1. Vokalversion	2:56
4.	Boogie-Woogie – 2. Vokalversion	2:56
5.	Boogie-Woogie – Instrumental	2:56
6.	Das Gespenst in der Schule	1:00
7.	Das Gespenst in der Schule – Instrumental	1:00
8.	Mach's gerade so wie ich – 1. Vokalversion	1:24
9.	Mach's gerade so wie ich – 2. Vokalversion	1:24
10.	Mach's gerade so wie ich – Instrumental	1:24
11.	Was müssen das für Bäume sein …	1:15
12.	Was müssen das für Bäume sein … – Instrumental	1:15
13.	Drei Chinesen mit dem Kontrabass	1:43
14.	Drei Chinesen mit dem Kontrabass – Instrumental	1:43
15.	Stift-und-Papier-Rap – 1. Vokalversion	1:13
16.	Stift-und-Papier-Rap – 2. Vokalversion	1:13
17.	Stift-und-Papier-Rap – Instrumental	1:13
18.	Bewegungs-Rap	1:29
19.	Bewegungs-Rap – Instrumental	1:29
20.	Der Elefant ist fit	1:37
21.	Der Elefant ist fit – Instrumental	1:37
22.	Dumba-Hit – 1. Vokalversion	1:46
23.	Dumba-Hit – 2. Vokalversion	1:46
24.	Dumba-Hit – Instrumental	1:46
25.	Pausen-Rap – 1. Vokalversion	0:43
26.	Pausen-Rap – 2. Vokalversion	0:43
27.	Pausen-Rap – Instrumental	0:43
28.	Jetzt geht's in die Pause rein	1:08
29.	Jetzt geht's in die Pause rein – Instrumental	1:08
30.	Si ma ma kaa	2:12
31.	Si ma ma kaa – Instrumental	2:12
32.	Epo i tai tai	1:26
33.	Epo i tai tai – Instrumental	1:26
34.	Maus und Katze	1:48
35.	Maus und Katze – Instrumental	1:48
36.	Hey du!	0:58
37.	Hey du! – Instrumental	0:58
38.	Atte, katte, Pause	1:07
39.	Atte, katte, Pause – Instrumental	1:07
40.	Tierischer Unsinn	2:43
41.	Tierischer Unsinn – Instrumental	2:43
42.	Ri, ra, raus!	0:43
43.	Ri, ra, raus! – Instrumental	0:43
44.	Also tschüss!	1:03
45.	Also tschüss! – Instrumental	1:03

Begleit-CD, Bestell-Nr. 140-31

2. Ist die Begrüßung eingeübt, kann sie in der ersten und zweiten Klasse erweitert werden: Die Kinder sitzen nach der Begrüßung auf ihren Plätzen. Die Lehrkraft spricht:
   „Die Hand, mit der wir uns begrüßt haben, ist die rechte Hand. Die rechten Hände passen bei der Begrüßung ineinander. Alle winken mit der rechten Hand."
   Die Kinder winken mit der rechten Hand. Der Unterricht beginnt.
3. Kennen die Kinder sich eine längere Zeit, so kann die persönliche Begrüßung um einen freundlichen Satz erweitert werden.
   „Guten Morgen, Julia! Es ist schön, dich zu sehen." –
   „Guten Morgen, Anton. Hoffentlich können wir in der Pause Fußball spielen."
4. Sind die Kinder in der Begrüßung geübt, können sie und die Lehrkraft im Raum durcheinander gehen und sich begrüßen. Ob dies möglich ist, hängt von der Klassenstärke, der Raumgröße und dem Verhalten der Kinder ab.

Hinweise

Mit dieser Übung wird ein Kontakt zu Mitschülern und Lehrern hergestellt. Eine Kulturtechnik wird eingeübt, die viele Kinder einer Klasse nicht beherrschen. Die Unterscheidung zwischen rechts und links wird schnell eingeübt.

Kinder gehen rücksichtsvoller miteinander um, wenn sie sich täglich mit Handschlag begrüßen. Das war nach ca. 3 Wochen im Unterricht spürbar. Die Begrüßung erfolgte nach diesem Zeitraum selbstverständlich und wurde von den Kindern dann durch freundliche individuelle Worte und Gesten ergänzt.

Die freundliche Begrüßung sollte täglich zu Schulbeginn erfolgen. Sie wird so zu einem Ritual, das zu einem respektvolleren Umgang miteinander führt. Dazu müssen die Lehrkräfte der Klasse **gemeinsam** die Ein- und Durchführung des Begrüßungsrituals beschließen.

Alle Kinder sollten bei der Begrüßung beteiligt sein. Die Kinder sollten sich ansehen. Kinder mit Sprachproblemen benötigen Hilfe beim Sprechen in ganzen Sätzen. Die Begrüßung dauert bei einer Klasse mit 27 Kindern ca. 5–7 Minuten. In der Einführungsphase muss mit mehr Zeit gerechnet werden.

Begrüßung mit Körperübungen

2 Guten Morgen und Arme gestreckt!

■ Förderung Motorik   ■ Förderung Sprache

Die Kinder stehen im Kreis, begrüßen sich und die Lehrkraft mit Handschlag und nennen dabei ihren Namen und den Namen der/des Begrüßten. Die Ausführung erfolgt wie in Übung 1 (siehe S. 38). Am Ende der Begrüßungskette gehen die Kinder jedoch **nicht** wie beschrieben zu ihren Stühlen, sondern nehmen wieder ihren ursprünglichen Platz im Kreis ein und bleiben dort stehen.

Die Lehrkraft steht den Kindern mit dem Gesicht gegenüber.
Sie spricht:

> **„Die Hand, mit der wir uns begrüßt haben, ist die rechte Hand. Die rechten Hände passen bei der Begrüßung ineinander. Alle winken mit der rechten Hand … Die rechte Hand wird auf die linke Schulter gelegt, die linke Hand wird auf die rechte Schulter gelegt."**

Während die Lehrkraft spricht, bewegt sie ihre eigene rechte Hand auf die linke Schulter und ihre linke Hand auf die rechte Schulter. Die Kinder bewegen die Arme, wie es die Lehrkraft beschreibt.

Liegen die Hände der Kinder jeweils auf der gegenüberliegenden Schulter, so spricht die Lehrkraft weiter:

> **„An den Fingern werden Gummibänder befestigt!"**

Ihre Finger bewegen sich abwechselnd auf den Schultern und die Kinder ahmen die Bewegung nach.

Die Lehrkraft spricht weiter:

> **„Wir stehen gerade, der Bauch und der Po sind ganz fest … Langsam werden die Gummibänder angezogen und ziehen unsere Arme und Finger ganz lang nach vorne."**

Dabei bewegen sich die Hände der Lehrkraft langsam von den Schultern nach vorne und lösen vor dem Körper die Überkreuzung der Arme. Die Kinder führen die Bewegungen gleichzeitig mit der Lehrkraft aus. Sie sollten mit nach vorne gestreckten Armen und lang ausgestreckten, gespannten Fingern gerade stehen.

Variationen

Beherrschen alle Kinder die Übung, dann kann die Über-Kreuz-Bewegung auf schwierigere Art erfolgen:

1. Der rechte Ellenbogen wird zum linken Knie geführt, der linke Ellenbogen zum rechten Knie.
2. Die rechte Hand wird zum linken Fuß geführt, die linke Hand zum rechten Fuß.
3. Ist die Begrüßung den Kindern vertraut, so kann die Begrüßung erfolgen, indem die Kinder und die Lehrkraft im Raum durcheinander gehen. Ob dies möglich ist, hängt von der Klassenstärke, der Raumgröße und dem Verhalten der Kinder ab.

Hinweise

Mit dieser Übung werden Kinder mit Problemen in der Körpermittellinienkreuzung und der Körperspannung täglich individuell gefördert. Es muss bei ihnen auf eine korrekte Ausführung der Bewegungen geachtet werden. Viele Kinder mit motorischen Problemen benötigen für diese Bewegungsabfolge eine längere Übungszeit und die Hilfe der Lehrkraft.

Mit der Einübung dieser Kulturtechnik wird der Kontakt zu den Schülern und Lehrern hergestellt.

3) Hallo Fingerspitzen!

Begrüßung bekannter Kinder

Hallo Jana! Deine Augen strahlen!

■ Förderung Motorik   ■ Förderung Sprache

Die Kinder und die Lehrkraft gehen leise und vorsichtig durch den Klassenraum, ohne irgendwo anzustoßen. Zwei Personen begegnen sich, berühren sich mit den Fingerspitzen beider Hände. Dann sehen sie sich in die Augen und sprechen einen positiven Satz zur Erscheinung des Partners, z. B.

„**Hallo Jana! Dein T-Shirt hat eine schöne Farbe!**"

oder

„**Hallo Tim! Dein Mund lacht!**"

Danach lösen sich die Fingerspitzen der Hände, und die Partner gehen weiter. Der nächste Partner wird auf die gleiche Art begrüßt.

Variation
Wenn es häufig durchgeführt wird, kann das Begrüßungsritual auf eine bestimmte Anzahl Kinder begrenzt werden. Es sollten dann möglichst täglich andere Kinder begrüßt werden.

Hinweise
Diese Form der Begrüßung ist nur zwischen Kindern sinnvoll, die sich lange kennen und möglichst reizfrei miteinander umgehen.

Der Kontakt zu den Schülern und Lehrern wird hergestellt. Die allgemeine bewusste Wahrnehmung der Mitschüler wird geschult.

Begrüßungslied mit Körperübungen

4) Hallo, hallo, ich bin jetzt hier!

■ Förderung Motorik　　　■ Förderung Sprache　　　■ Lied Nr. 1/2

Zur Einführung in das Lied bilden die Kinder zwei gleich große Kreise: einen Innen- und einen Außenkreis. Die jeweils gegenüberstehenden Kinder schauen sich an und begrüßen sich mit der Liedzeile:

„Hallo, hallo, ich bin jetzt hier!"

Während sie die Zeile singen, reichen sie einander die rechten Hände und schütteln sie.

Dann singen sie weiter:

„Hallo, hallo, wie geht es dir?"

Während des Singens nehmen sie die linken Hände dazu, reichen sie einander und schütteln sie.

Sie halten die gereichten Hände über Kreuz und singen weiter:

„Hallo, hallo, hoffentlich gut!"

Dabei werden die Hände überkreuz geschüttelt.

Die Kinder singen weiter:

„Und jetzt geht es gleich los!"

Während dieser Liedzeile lassen die Kinder die Hände los und klatschen bei dem Wort „los" beide Partnerhände ab.

Nun dreht sich der Innenkreis um jeweils ein Kind nach rechts weiter, sodass jeder einem neuen Partner gegenübersteht. Wenn die Lehrkraft klatscht und spricht bzw. singt: **„Und jetzt geht es gleich los!"**, sollte jedes Kind seinem neuen Partner gegenüberstehen. Das Lied beginnt von vorne und wird wie oben beschrieben gesungen und gespielt. Wenn der Innenkreis wieder an seiner Ausgangsposition angekommen ist, ist das Lied beendet, und die Kinder suchen die Plätze auf.

Hinweise

Der Kontakt zur Lehrkraft und zu den Mitschülern wird hergestellt.

Das Lied wird gesungen nach der Melodie „Skip to my lou".

Hallo, hallo, ich bin jetzt hier!

Melodie: aus den USA
Text: Christa Hehemann

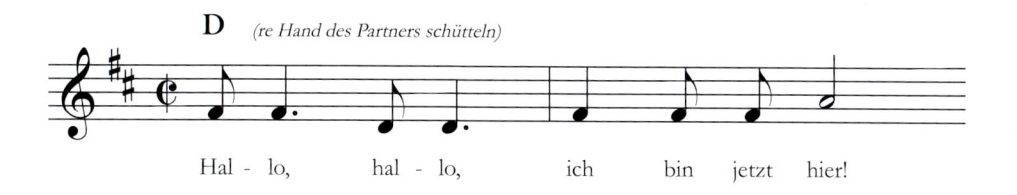

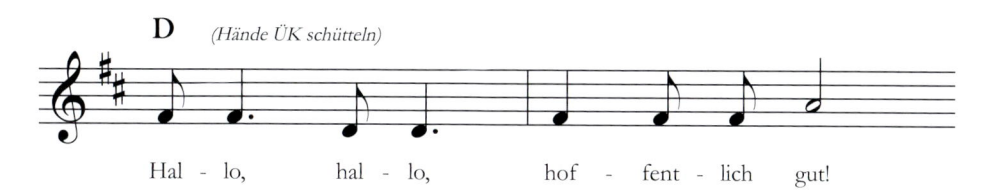

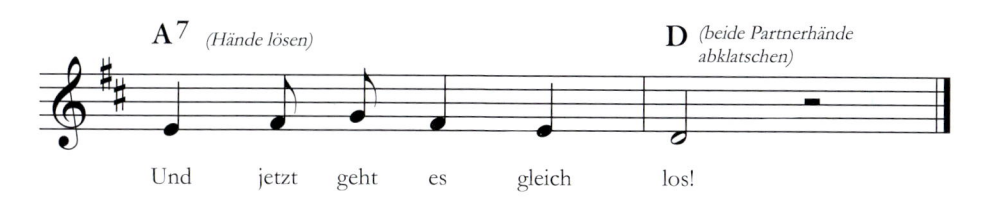

D *(re Hand des Partners schütteln)*

Hal - lo, hal - lo, ich bin jetzt hier!

A7 *(li Hand dazu nehmen, ÜK halten)*

Hal - lo, hal - lo, wie geht es dir?

D *(Hände ÜK schütteln)*

Hal - lo, hal - lo, hof - fent - lich gut!

A7 *(Hände lösen)*   **D** *(beide Partnerhände abklatschen)*

Und jetzt geht es gleich los!

Stundenbeginn/Beginn der nächsten Einheit

Der gemeinsame Beginn mit einem Lied, einer Bewegungsfolge oder einer Konzentrationsübung lässt Kinder ruhiger werden. Danach wissen alle Kinder: Jetzt beginnt der Unterricht. Die Aufmerksamkeit der Kinder ist vorhanden und muss nicht von der Lehrkraft eingefordert werden.

Mit einfachen Bewegungsfolgen lassen sich bei Kindern mit Förderbedarf individuelle Förderungen durchführen. Der Förderbedarf muss vorher durch eine Überprüfung festgestellt werden (siehe S. 12 ff.). Bei diesen Kindern ist darauf zu achten, dass gerade sie die Bewegungsfolgen, die für sie schwierig sind, korrekt ausführen.

Kinder mit Förderbedarf reagieren mit Verweigerung bei den Übungen und Liedern, wenn sie sich überfordert fühlen. Sie entziehen sich den Übungen, indem sie so tun, als ob sie mitmachten, oder sie stören den Unterricht. Die Förderung muss bei diesen Kindern im grundlegenden Bereich ansetzen – in der Motorik. Daher trainieren die Übungen zunächst die grundlegenden körperlichen/motorischen Voraussetzungen:

- die Wahrnehmung des eigenen Körpers **(Übung 5)**,
- das Körperschema/die Wahrnehmung des Körpers im Raum und die Wahrnehmung des inneren Körpers **(Übungen 6, 8 und 10)**,
- die Körperspannung **(Übungen 7 und 14)**,
- Überkreuzbewegungen/die bilaterale Koordination **(Übungen 7, 8, 9 und 10)**,
- die Körperrhythmik **(Übungen 11, 12 und 13)** und
- den Hautsinn **(Übungen 14 und 15)**.

Danach folgen Übungen (Fingerspiele), die diese körperlichen Voraussetzungen in Kombination und gleichzeitig auch den sprachlichen Bereich trainieren.

Die Bewegungslieder schließlich verknüpfen fast alle motorischen Förderbereiche mit den sprachlichen Förderbereichen. Sprachmelodien und Sprechrhythmen sind grundlegende Voraussetzungen, um die Bedeutung von Worten und Sätzen zu verstehen. Sie sind die Grundlage des Leseverständnisses.[14] Somit übt jedes Kind mit Liedern, Sprechgesängen und Reimen die Grundlage des verstehenden Lesens.

---

[14] Ludwig Hasler, Basler Magazin, Nr. 3, 18.1.2003, S. 8–9

Konzentrations-, Wahrnehmungs- und Atemübung

5) Ruhe atmen

■ Förderung Motorik

Jedes Kind sitzt auf seinem Stuhl. Die Lehrkraft spricht:
> „Setze dich auf deinen Stuhl. Dein Rücken berührt jetzt fest die Stuhllehne, der Po fühlt den Sitz. Deine Füße stehen nebeneinander unter dem Tisch. Lege deine Hände flach übereinander, die Daumen zeigen nach oben und die Handflächen zeigen in Richtung Stirn. Lege die übereinander liegenden Hände auf die Stirn."

Während die Lehrkraft den vierten Satz spricht, dreht sie den Kindern den Rücken zu, hebt die flach übereinander gelegten Hände mit den nach oben zeigenden Daumen hoch über den Kopf und senkt dann die Hände auf die Stirn.
Sie spricht weiter:
> „Hebe deine Ellenbogen und schließe deine Augen! Ohne die Ellenbogen zu senken, atmest du sechsmal durch die Nase tief ein bis in den Bauch und durch den Mund leise wieder aus."

Die Lehrkraft beobachtet die Kinder. Sind sie mit der Übung fertig, spricht sie:
> „Öffne die Augen!"

Hinweise

Die Übung entstand in mehreren Jahren aus den Informationen einer Fortbildung. Verschiedene Varianten wurden von mir erprobt – die oben beschriebene Form ist für mich die wirkungsvollste.

Im Unterricht kann die Übung mit unterschiedlichen Absichten eingesetzt werden. Sie fördert das Gefühl für den inneren Körper. Zum Beispiel sind zu Beginn der 5. Stunde die Kinder nach dieser Übung konzentriert und aufnahmebereit für den Unterricht. Vor einer Klassenarbeit sind sie nach der Übung ruhig, gelassen und konzentriert. Ängstliche Kinder sind danach ruhiger und gelassener.

Nachdem die Übung von mir mehrfach zu Beginn der Stunde ausgeführt worden war, reichte schon die Ansage **„Wir wollen im Unterricht ankommen!"**, und sofort setzten sich alle Schüler bewusst auf die Stühle und fingen mit der Atemübung an. Der Unterricht konnte beginnen.

Übung zum Körperschema

(6) Körperklatscher

■ Förderung Motorik   ■ Förderung Sprache

Wichtig: Die Körpermittellinie wird bei dieser Übung **nicht** gekreuzt.

Die Stühle werden an den Tisch geschoben. Die Kinder stehen hinter ihren Stühlen oder im Kreis. Die Lehrkraft spricht rhythmisch in Silben und berührt im ersten Durchgang mit der rechten und im zweiten Durchgang mit der linken Hand die gleichzeitig benannten rechten bzw. linken Körperteile im Silbenrhythmus. Die Kinder führen die Bewegungen der Lehrkraft gleichzeitig mit aus. Sie berühren die gezeigten Körperteile im Silbenrhythmus am eigenen Körper und sprechen laut mit der Lehrkraft zusammen.

Die Lehrkraft spricht im ersten Durchgang:

„Die rech-te Hand be-rührt die rech-te Schul-ter!"

Während des Sprechens berühren **alle** mit der rechten Hand die Schulter im Rhythmus der Silben. Die Lehrkraft spricht weiter und handelt gleichzeitig:

„Die rech-te Hand be-rührt die rech-te Hüf-te! Die rech-te Hand be-rührt den rech-ten O-ber-schen-kel! Die rech-te Hand be-rührt das rech-te Knie! Die rech-te Hand be-rührt den rech-ten Un-ter-schen-kel! Die rech-te Hand be-rührt den rech-ten Fuß!"

Dann folgt der zweite Durchgang. Jetzt werden die Körperteile der linken Körperhälfte im Silbenrhythmus berührt. Die Lehrkraft spricht und handelt gleichzeitig wie oben beschrieben, jetzt aber nur auf der linken Körperhälfte:

„Die lin-ke Hand be-rührt die lin-ke Schul-ter! Die lin-ke Hand be-rührt die lin-ke Hüf-te! Die lin-ke Hand be-rührt den lin-ken O-ber-schen-kel! etc."

Variationen

1. Sind den Kindern die Bewegungsabfolgen geläufig, kann die Geschwindigkeit gesteigert werden.
2. In einem weiteren Schritt kann die Bewegungsgeschwindigkeit abwechselnd langsamer oder schneller erfolgen.
3. Die Silben können mit Betonung auf bestimmte Wortteile gesprochen werden, z. B.
   „**Die** rech-te **Hand** (Pause) be-rührt **die** rech-te **Hüf-te!**"

Hinweise

Die **Übungen 6, 7 und 8** sollen dem Kind helfen, eine Vorstellung vom eigenen Körper und vom eigenen Körper im Raum zu bekommen. Gleichzeitig wird die Vorstellung von rechts und links geübt. Bei den **Übungen 7 und 8** kommt eine Förderung des Zusammenspiels der linken und rechten Gehirnhälfte dazu (Überkreuzbewegung).

Die Übungen wurden im Unterricht gerne von Kindern in der ersten und zweiten Klasse ausgeführt. Die Kinder mit Förderbedarf mussten sich sehr konzentrieren, um die Übungen zu schaffen. Ich musste zunächst langsam und deutlich sprechen und handeln, sonst konnten die Kinder nicht zu den Bewegungen sprechen.

Die Übungen werden zuerst in der gleichen Körperhälfte ausgeführt. Kinder, die gleichzeitig Probleme mit der Kreuzung der Körpermittelinie haben, können sich auf die Benennung der Körperteile, das rhythmische Sprechen und ihren Körper konzentrieren und müssen nicht die schwierige Kreuzbewegung ausführen.

Diese Übung hilft besonders Kindern mit einer Artikulationsschwäche deutlich zu sprechen. Eventuell müssen einzelne Silben mit ihnen extra langsam und deutlich gesprochen werden. Das gilt auch für Kinder mit nicht deutscher Muttersprache.

Übung zum Körperschema und zur Kreuzbewegung

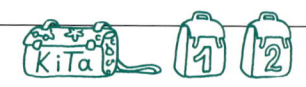

7 Kreuz und quer über den Körper

■ Förderung Motorik   ■ Förderung Sprache

Diese Übung wird im Wesentlichen so ausgeführt wie die **Übung 6**, allerdings muss jetzt beim Sprechen **die Körpermittellinie gekreuzt** werden. Das fällt den Kindern mit Förderbedarf sehr schwer. Es ist deshalb für die Lehrkraft wichtig, zunächst langsam zu sprechen und zu handeln.

Die Stühle werden an den Tisch geschoben. Die Kinder stehen hinter ihren Stühlen oder im Kreis. Die Lehrkraft spricht rhythmisch in Silben und berührt im Silbenrhythmus im ersten Durchgang mit der rechten und im zweiten Durchgang mit der linken Hand die gleichzeitig benannten linken oder rechten Körperteile. Die Kinder führen die Bewegungen der Lehrkraft gleichzeitig mit aus. Sie berühren im Silbenrhythmus die gezeigten Körperteile am eigenen Körper und sprechen laut mit.

Die Lehrkraft und die Kinder sprechen im ersten Durchgang gemeinsam rhythmisch in Silben und berühren mit der rechten Hand im Silbenrhythmus die benannten linken Körperteile:

„Die rech-te Hand be-rührt die lin-ke Schul-ter! Die rech-te Hand be-rührt die lin-ke Hüf-te! Die rech-te Hand be-rührt den lin-ken O-ber-schen-kel. Die rech-te Hand be-rührt das lin-ke Knie! Die rech-te Hand be-rührt den lin-ken Un-ter-schen-kel! Die rech-te Hand be-rührt den lin-ken Fuß!"

Zweiter Durchgang: Die Lehrkraft spricht und handelt gleichzeitig mit den Kindern:
„Die lin-ke Hand be-rührt die rech-te Schul-ter! Die lin-ke Hand be-rührt die rech-te Hüf-te! etc."

Alle Kinder ahmen immer sicherer die Bewegungen nach und sprechen mit.

Variationen
1. Sind den Kindern die Bewegungsabfolgen geläufig, kann die Geschwindigkeit gesteigert werden.
2. In einem weiteren Schritt kann die Bewegungsgeschwindigkeit abwechselnd langsamer oder schneller erfolgen.
3. Die Silben können mit Betonung auf bestimmte Wortteile gesprochen werden, z. B.

    „Die rech-te Hand (Pause) be-rührt die lin-ke Hüf-te!"

Hinweise

Die Körpermittellinie sollte von allen Kindern zügig gekreuzt werden. Es ist darauf zu achten, dass Kinder mit einer Schwäche bei Kreuzbewegungen die Bewegungen korrekt ausführen! Die Bewegungen sollten zunächst mit allen Kindern langsam ausgeführt werden.

Die Lehrkraft sollte Kinder mit einer Artikulationsschwäche oder Kinder, deren Muttersprache nicht Deutsch ist, zu sich holen und sie so hinstellen, dass sie deren Mund während des Sprechens genau sehen kann. So beachtet sie leicht die Aussprache der Kinder und spricht mit ihnen zusammen deutlich.

Vgl. außerdem die Hinweise bei **Übung 6**.

Übung zum Körperschema und zur Kreuzbewegung

8) Kniepatscher

■ Förderung Motorik   ■ Förderung Sprache

Wenn den Kindern die Kreuzbewegungen mit den Händen und Armen **(Übung 7)** gut gelingen, kann die Schwierigkeit mit dieser Übung gesteigert werden.

Die Kinder schieben die Stühle von den Tischen zurück und sitzen auf den Stühlen. Die Lehrkraft stellt sich einen Stuhl so hin, dass alle Kinder ihre Hände und Knie sehen können, wenn sie auf dem Stuhl sitzt.

Die Lehrkraft spricht:
  „Die rech-te Hand liegt auf dem lin-ken Knie."
Sie bewegt beim Sprechen die rechte Hand auf das linke Knie. Die Kinder und die Lehrkraft sprechen und handeln gleichzeitig im Silbenrhythmus:
  „Die rech-te Hand liegt auf dem lin-ken Knie."
Die Kinder heben die rechte Hand und legen sie auf das linke Knie.

Dann wird gemeinsam von Lehrkraft und Kindern die gegengleiche Bewegung ausgeführt und dazu im Silbenrhythmus gesprochen:
  „Die lin-ke Hand liegt auf dem rech-ten Knie."

Variationen

1. Die Kinder führen die Bewegung im Stehen hinter ihren Stühlen oder im Kreis stehend aus. Dabei stehen beide Füße fest auf dem Boden.
2. Die Kinder führen die Bewegung im Stehen hinter ihren Stühlen oder im Kreis stehend aus. Dabei wird das gegenüberliegende Knie angehoben und kommt der Handbewegung entgegen.
3. Entsprechend zur Hand wird jetzt der Ellenbogen zum gegenüberliegenden Knie geführt und dazu im Silbenrhythmus deutlich gesprochen. Dabei stehen beide Füße fest auf dem Boden.
4. Entsprechend zur Hand wird jetzt der Ellenbogen zum gegenüberliegenden Knie geführt und dazu im Silbenrhythmus deutlich gesprochen. Dabei wird das gegenüberliegende Knie angehoben und kommt der Ellenbogenbewegung entgegen.

Hinweise

Es ist darauf zu achten, dass Kinder mit einer Schwäche bei Kreuzbewegungen die Bewegungen korrekt ausführen! Die Körpermittellinie sollte schließlich von allen Kindern zügig gekreuzt werden. Alle Kinder sollten deutlich mitsprechen.

Vgl. außerdem die Hinweise bei **Übung 6**.

Übung zur Überkreuzbewegung/Kennenlernspiel

9) An meine rechte Seite wünsche ich mir …

Förderung Motorik

Förderung Sprache

Die Kinder sitzen im Kreis. Zwischen zwei Kindern befindet sich eine Sitzlücke. Das Kind links davon klopft mit der **linken** Hand auf den freien Platz an seiner **rechten** Seite und spricht:

„An meine rechte Seite wünsche ich mir (Namen eines Kindes)."

Das genannte Kind nimmt den Platz ein. Jetzt spricht das nächste Kind mit einer Lücke zur Rechten:

„An meine rechte Seite wünsche ich mir (Namen eines Kindes)"
usw.

Kinder, die bereits die Plätze wechselten, kreuzen die Knie oder Füße zum Zeichen, dass sie bereits handelten.

Variationen
Die Namen der Kinder können in Silben gesprochen werden.

Hinweise
Es ist darauf zu achten, dass Kinder mit Artikulationsschwäche oder nicht deutscher Muttersprache den Satz deutlich sprechen und nicht nur den Namen eines Kindes sagen.

Übung zum Körperschema und zur Überkreuzbewegung

10 Ohrengreifer

Förderung Motorik

Diese Übung sollte erst ausgeführt werden, wenn die **Übungen 6–9** beherrscht werden.

Die Kinder stehen im Kreis oder hinter den Stühlen, die an den Tisch geschoben wurden. Alle Kinder sehen die Lehrkraft an. Sie macht die unten beschriebene Bewegungsfolge vor. Die Kinder schauen zu. Sie werden aufgefordert:

„**Macht die Bewegungen genauso nach!**"

Die Kinder ahmen die Bewegung nach.

Bewegungsfolge:
Beide Hände patschen auf die Oberschenkel, dann klatschen die Hände zusammen. Die rechte Hand fasst an das linke Ohr. Beide Hände patschen auf die Oberschenkel, dann klatschen die Hände zusammen. Die linke Hand fasst an das rechte Ohr. Die Bewegungsfolge wird wiederholt.

Im Unterricht benötigten Kinder mit einer Schwäche in der Überkreuzbewegung eine verbale Unterstützung zur Ausführung der Bewegungen. Die Lehrkraft spricht langsam und führt gleichzeitig die Bewegungen aus:

„Patschen ... klatschen ... Ohr! Patschen ... klatschen ... Ohr!"

Hinweise

Kinder mit Förderbedarf führen die Bewegungen anfangs ganz langsam und bewusst aus. Trotzdem geraten sie mit der Bewegungsfolge durcheinander.

Damit es den anderen Kindern nicht langweilig wird, kann die Lehrkraft die Kinder auffordern, die Bewegungen so schnell auszuführen, wie sie es können. Die Kinder mit Förderbedarf neigen dann dazu, die Bewegungen nicht mehr korrekt auszuführen.

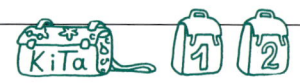

Übung zur rhythmischen Differenzierungsfähigkeit

11) Silbenpost

To-bi-as *Ka-tha-ri-na*

■ Förderung Motorik   ■ Förderung Sprache

Mit dieser Übung gewöhnen sich die Kinder an eine rhythmische Sprechweise. Sie ist eine Vorübung für die beiden folgenden, schwierigeren Übungen, bei denen ein Rhythmus wiedergegeben wird.

Die Kinder sitzen im Kreis oder am Tisch. Ein Kind spricht seinen eigenen Namen in Silben und klatscht zu jeder Silbe in die Hände. Danach spricht es den Namen eines Kindes der Klasse in Silben und klatscht zu jeder Silbe in die Hände. Das genannte Kind wiederholt seinen Namen in Silben und klatscht zu jeder Silbe in die Hände. Danach spricht es den Namen eines Kindes der Klasse in Silben und klatscht zu jeder Silbe in die Hände usw.

Der Vorgang wird wiederholt, bis möglichst alle Kinder der Klasse gesprochen haben. Kinder, die bereits gesprochen haben, kreuzen im Kreis die Füße oder legen am Tisch das Mäppchen auf den Tisch. So erkennt jeder, wer noch sprechen muss.

Variationen

Zum eigenen Namen wird zu jeder Silbe in die Hände geklatscht, zu jeder Silbe des angesprochenen Namens wird auf die Oberschenkel gepatscht.

Hinweise

Diese und die beiden folgenden Übungen fördern die Körperrhythmik. Kinder mit einer Störung in der Körperrhythmik haben Probleme in Mathematik und beim Leseverständnis. Die Längen können von diesen Kindern nicht unterschieden werden. Größer und kleiner/mehr und weniger unterscheiden sie schlecht. Die unterschiedlichen Längen der Laute und Silben nehmen sie nur undeutlich wahr. Die Körperrhythmik ist deshalb eine Voraussetzung für das Lernen in Mathematik und Sprache.

Vor den Übungen zur Körperrhythmik sollten die Kinder Übungen zur Lage des Körpers im Raum, zu Überkeuzbewegungen und zur Körperspannung ausgeführt haben – Kinder mit Förderbedarf sind sonst mit den Bewegungsfolgen überfordert.

Die Übungen zur Körperrhythmik sollten **vor** dem Singen von Liedern mit Bewegungen erfolgen. Kinder mit Förderbedarf sind sonst so stark überfordert, dass sie gar nicht erst versuchen, zu singen und sich gleichzeitig zu bewegen – sie bewegen nur den Mund oder stören die Mitschüler.

Speziell zu dieser Übung: Die Erfahrung zeigte, dass einige Kinder selbst nach einem Jahr gemeinsamen Schulbesuchs nicht die Namen aller Kinder der Gruppe beherrschten. Mit dieser Übung werden die Namen der Mitschüler spielerisch vertieft.

Übung zur rhythmischen Differenzierungsfähigkeit

12 Indianertelefon

■ Förderung Motorik   ■ Förderung Sprache

Die Kinder stehen im Kreis und legen die Hände auf die Oberschenkel. Alle können die Hände der Lehrkraft gut sehen. Die Lehrkraft patscht einen Rhythmus (siehe rechte Seite) langsam mit den Händen auf den Oberschenkeln vor.

Nach und nach versuchen alle Kinder den Rhythmus der Lehrkraft mitzupatschen. Bei Schwierigkeiten hilft die Lehrkraft den betroffenen Kindern. Können alle Kinder den Rhythmus klopfen, kann er verändert werden.

Variationen
1. Den Rhythmus lauter oder leiser patschen.
2. Den Rhythmus schneller oder langsamer patschen.
3. Den Rhythmus nach eigenen Vorstellungen verändern oder von den Kindern verändern lassen.

Indianertelefon: Rhythmen A bis E

Rhythmen: Christa Hehemann

Rhythmus A

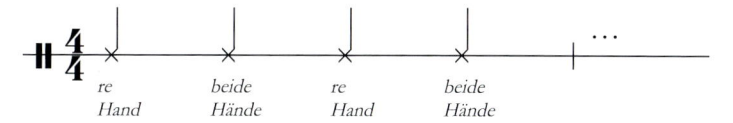

4/4 | re Hand | beide Hände | re Hand | beide Hände | ...

Rhythmus B

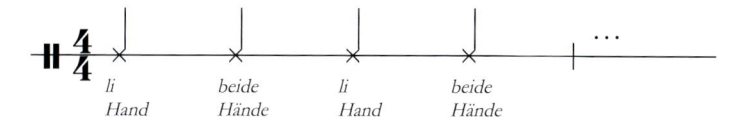

4/4 | li Hand | beide Hände | li Hand | beide Hände | ...

Rhythmus C

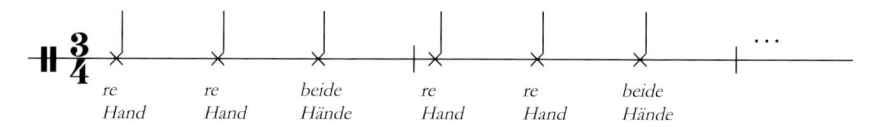

3/4 | re Hand | re Hand | beide Hände | re Hand | re Hand | beide Hände | ...

Rhythmus D

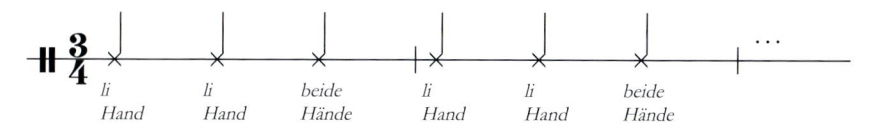

3/4 | li Hand | li Hand | beide Hände | li Hand | li Hand | beide Hände | ...

Rhythmus E

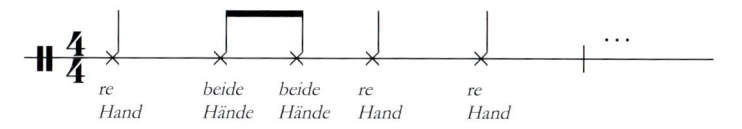

4/4 | re Hand | beide Hände | beide Hände | re Hand | re Hand | ...

Hinweise

Diese Übungen wurden von mir regelmäßig vor einer Leseförderstunde ausgeführt. Die Kinder, die Probleme mit dem Leseverständnis hatten, konnten den Rhythmus nicht klopfen. Sie benötigten eine längere Zeit, um ihn zu erfassen und wiederzugeben. Einige Kinder bekamen erst ein Gefühl für den Rhythmus, wenn ich meine Hände auf ihre legte und wir ihn gemeinsam auf den Tisch klopften. Fast alle Kinder mit einer Lese-Rechtschreib-Schwäche konnten Rhythmen nur nach sehr langer Übung klopfen.

Vgl. außerdem die Hinweise bei **Übung 11**.

Übung zum Körperschema, zur
Körperspannung und zur Körperrhythmik

13) Fußschaukel

■ Förderung Motorik

Die Kinder stehen im Kreis und schauen zu. Die Lehrkraft stellt sich in die Mitte. Sie schaukelt von den Fersen auf die Fußspitzen und zurück (siehe Zeichnung).

Die Lehrkraft fordert die Kinder auf, die Bewegung nachzuahmen. Sie gibt den Kindern folgende verbale Hilfen, während sie die Übung vormacht:

„Hebt die Fußspitzen an und steht auf den Fersen. Bleibt auf den Fersen stehen und haltet inne. Jetzt schaukelt auf die Zehenspitzen. Bleibt auf den Zehenspitzen stehen und haltet die Stellung auf den Zehenspitzen. Senkt die Füße und schaukelt auf die Fersen. Haltet die Stellung der Füße auf den Fersen. Die Zehenspitzen sind angehoben."

Die Bewegungsabfolge wird wiederholt.

Variationen
Die Füße können gegengleich gehoben oder gesenkt werden.

Hinweise
Die „Fußschaukel" sollte erst ausgeführt werden, wenn Kinder bereits Übungen zur Körperspannung, zur Überkreuzbewegung und zum rhythmischen Klatschen gemacht haben.

Es ist darauf zu achten, dass Kinder mit einer Schwäche in der Körperspannung und im Gleichgewicht die Bewegungen korrekt ausführen. Sie benötigen zunächst die Hilfe der Lehrkraft.

In einer Klasse mit vielen leseschwachen Kindern war es sehr mühsam, diese Übung einzuführen. Die Kinder waren sehr stolz, als sie die Bewegungsfolge schafften, ohne zu kippen.

Vgl. außerdem die Hinweise bei **Übung 11**.

Übung zur Kräftigung der Fingermuskulatur

(14) Bällchen kneten

■ Förderung Motorik

Jedes Kind sitzt auf seinem Platz und erhält einen kleinen Klumpen Knete. Die Knete wird vom Kind mit dem Daumen, dem Zeigefinger und dem Mittelfinger der Schreibhand (rechte oder linke Hand) gehalten und geknetet. Die Lehrkraft spricht und demonstriert:

> „Knete nur mit den drei Fingern deiner Schreibhand die Knete zu einem Bällchen (einer Rolle, einem Würfel usw.)!"

Die Übungsdauer sollte mit 1 Minute beginnen und langsam bis auf ca. 3 Minuten gesteigert werden.

Hinweise

Diese Übung wird angewendet, wenn die Kinder zu Beginn der Grundschulzeit Probleme im Bereich der Schrift haben. Der Fördereffekt stellt sich nach kurzer Zeit ein. Die Fingermuskulatur wird kräftig. Durch die gestärkte Fingermuskulatur wird eine korrekte Stifthaltung möglich.

Die Übung sollte ca. 2 Wochen lang täglich einmal ausgeführt werden.

Übung zum Hautsinn

15 Einkaufen

■ Förderung Motorik   ■ Förderung Sprache

Die Kinder schieben ihre Stühle an den Tisch. Zwei Kinder werden von der Lehrkraft ausgewählt. Sie stehen einander vor der Gruppe gegenüber. Von allen Kindern sollten sie gut gesehen werden. Mit ihnen demonstriert die Lehrkraft die Übung für die Kinder der Klasse.

Die Lehrkraft gibt folgende Anleitung und hilft den Kindern, die Bewegungen richtig auszuführen:

> **„Zwei Partner stehen einander gegenüber. Ein Partnerkind streckt die rechte Hand (die Begrüßungshand) aus. Das zweite Kind hält die ausgestreckte Hand mit der linken Hand von unten fest und streicht mit der rechten Hand immer wieder sanft über die ausgestreckte Handfläche und spricht dazu:**
> ‚Da hast 'n Euro,
> geh ins Kaufhaus,
> kauf dir 'ne Diddelmaus.
> **Die Diddelmaus hat ein Schwänzchen
> und ein Dideldideltänzchen.'
> Bei ‚Dideldideltänzchen' kraulen die Finger der rechten Hand die ausgestreckte Handfläche des Partnerkindes."**

Danach gehen die beiden Kinder auf ihre Plätze zurück. Je zwei benachbarte Kinder stellen sich jetzt mit dem Gesicht zueinander hin. Die Lehrkraft wiederholt die Anleitung und die Worte. Die Kinder handeln zunächst nach den Worten der Lehrkraft. Sie werden dann aufgefordert, die Worte mitzusprechen. Der Text wird mehrmals gesprochen. Die Übung wird an einem anderen Tag wiederholt (vielleicht mit einem anderen Partnerkind), bis alle Kinder den Text sprechen und die Bewegungen ausführen können.

Variationen

Die Bewegungen können auch zu einem alten Text gesprochen werden, der vielen bekannt sein dürfte:

**„Da hast 'n Taler,
geh auf 'n Markt,
kauf dir 'ne Kuh,
ein Kälbchen dazu.
Das Kälbchen hat 'n Schwänzchen
und ein Dideldideltänzchen!"**

Hinweise

Kinder mit Störungen im Hautsinn lassen Berührungen oft nicht gerne zu. Sie können sich zunächst besser auf eine Berührung an der Hand einlassen als auf eine Berührung am Körper. Die Berührung auf der vom Körper weggestreckten Hand verbunden mit einem Vers kann von diesen Kindern leichter ertragen werden. Das gilt besonders, wenn die Berührung durch ein unbekanntes Kind erfolgt.

Die Kinder können Verse besser behalten, wenn sie aus ihrer Vorstellungswelt stammen. Weder den Begriff „Taler" noch das „Kaufen eines Kalbes auf dem Markt" können sich die heutigen Kinder vorstellen. Deshalb wird statt des alten Verses hier auch eine neuere Version angeboten.

Fingerspiel

16) Fünf Männlein im Wald

- Förderung Motorik
- Förderung Sprache

Die Kinder stehen vor ihren Stühlen am Tisch oder im Kreis. Sie heben die Schreibhand und bewegen die Finger genauso wie die Lehrkraft. Die Lehrkraft spricht die unten aufgeführten Sätze. Sie bewegt zunächst alle Finger, dann den angesprochenen Finger möglichst alleine, und zum Schluss wieder alle Finger. Sie spricht die Sätze wie angegeben, d. h. bei **„brummt"** wird die Stimme tief, bei **„rief"** ruft sie laut, bei **„weinen"** spricht sie mit weinerlicher Stimme, und **„das ist mir zu dumm"** spricht sie energisch.

Verse	Bewegungen
Fünf Männlein sind in den Wald gegangen, sie wollten den Osterhasen fangen.	Alle fünf Finger bewegen.
Der Erste war so dick wie ein Fass, der brummte: „Wo ist der Has'? Wo ist der Has'?"	Der Daumen bewegt sich nur allein. Mit tiefer Stimme sprechen.
Der Zweite rief: „Da ist er ja, da ist er ja!"	Der Zeigefinger bewegt sich allein und zeigt. Rufend sprechen.
Der Dritte, das war der Längste, aber auch der Bängste, der fing gleich an zu weinen: „Ich seh ja keinen, ich seh ja keinen!"	Der Mittelfinger bewegt sich allein. Jammernd sprechen.
Der Vierte rief: „Das ist mir zu dumm! Ich kehr wieder um!"	Der Ringfinger bewegt sich allein. Energisch sprechen.
Der Fünfte, der Kleinste, wer hätte das gedacht, der hat den Hasen nach Hause gebracht, da haben alle gelacht! Ha, ha, ha!	Der kleine Finger bewegt sich allein. Freudig sprechen. Alle Finger bewegen sich.

Die Kinder sprechen die Verse mit. Die Lehrkraft wiederholt die Verse und reduziert nach und nach ihren Sprechanteil, bis die Kinder die Verse auswendig sprechen können. Gleichzeitig werden die passenden Bewegungen ausgeführt.

Hinweise

Fingerspiele haben einen mehrfachen Fördereffekt:

Wörter werden im Rhythmus der deutschen Sprache gesprochen und fördern die rhythmisch-melodische Differenzierungsfähigkeit. Durch die Aussprache und Betonung der Wörter werden Gefühle und Absichten ausgedrückt.

Die Kinder trainieren das Sprachgedächtnis, wenn sie die Worte auswendig sprechen. Die Gedächtnisleistung wird vereinfacht durch die unterstützenden Bewegungen.

Die Reime und die Bewegungen sprechen das emotionale Empfinden an. Was man gerne tut, wird leichter behalten.

Die Bewegungen fördern die Hand- und Fingerbeweglichkeit und üben Greifbewegungen. Damit wird die Graphomotorik gefördert. Die Bewegungen des Körpers geben dem Kind eine Vorstellung von der Lage seines Körpers im Raum.

Speziell zu dieser Übung: Förderbedürftige Kinder Anfang Klasse 1 behielten den Vers, nachdem er ein paar Mal vorgesprochen wurde. Sie konnten ihn nach einer Woche wiederholen. Es musste auf die deutliche Aussprache der Wörter häufiger hingewiesen werden.

Fingerspiel

17) Das ist der Daumen …

Förderung Motorik

Förderung Sprache

Die Kinder stehen vor ihren Stühlen am Tisch oder im Kreis. Sie heben die Schreibhand als Faust und bewegen dann die Finger nacheinander einzeln aus der Faust heraus. Die Lehrkraft macht die Bewegungen und spricht dazu.

Verse	Bewegungen
Das ist der Daumen,	Der Daumen bewegt sich.
der schüttelt die Pflaumen,	Der Zeigefinger bewegt sich.
der sammelt sie auf,	Der Mittelfinger bewegt sich.
der bringt sie nach Haus,	Der Ringfinger bewegt sich.
und der Kleine, der isst sie alle auf.	Der kleine Finger bewegt sich.

Die Kinder sprechen die Verse mit. Die Lehrkraft wiederholt die Verse und reduziert nach und nach ihren Sprechanteil, bis die Kinder die Verse auswendig sprechen können. Gleichzeitig werden die passenden Bewegungen ausgeführt.

Hinweise
Siehe Hinweise bei **Übung 16**.

Fingerspiel

18) Himpelchen und Pimpelchen

■ Förderung Motorik   ■ Förderung Sprache

Die Kinder stehen vor ihren Stühlen am Tisch oder im Kreis. Sie heben die Hände als Fäuste und bewegen dann nacheinander einzeln die Daumen. Die Lehrkraft macht die Bewegungen und spricht dazu.

Verse	Bewegungen
Himpelchen ist ein Heinzelmann, und Pimpelchen ist ein Zwerg.	Die Daumen wackeln abwechselnd.
Himpelchen und Pimpelchen kletterten auf einen hohen Berg.	Die Daumen bewegen sich nach oben.
Doch nach 25 Wochen sind sie in den Berg gekrochen, schlafen dort in süßer Ruh. Seid mal still und hört fein zu.	Die Daumen bewegen sich in die Finger. Die Hände gehen hinter den Rücken. Die Hände werden muschelförmig hinter die Ohren gelegt.
Chr, chr, chr, chr, chr ...	Alle Kinder geben Schnarchlaute, die die Lehrkraft vorgibt, in verschiedenen Lautstärken von sich.[15]

Die Kinder sprechen die Verse mit. Die Lehrkraft wiederholt die Verse und reduziert nach und nach ihren Sprechanteil, bis die Kinder die Verse auswendig sprechen können. Gleichzeitig werden die passenden Bewegungen ausgeführt.

[15] Aus: Monika Koster/Jürgen Naumann (Hrsg.), Kinderland. Die schönsten deutschen Reime und Kinderlieder, Köln, Lingen, 1981, S. 143

Hinweise
Siehe Hinweise bei **Übung 16**.

Fingerspiel

19) Guten Tag, liebe Sonne!

■ Förderung Motorik   ■ Förderung Sprache

Die Kinder stehen vor ihren Stühlen am Tisch oder im Kreis. Sie heben die Schreibhand. Die Lehrkraft und die Kinder machen die Bewegungen und sprechen gemeinsam:

Verse	Bewegungen
Fünf kleine Finger, die schliefen einmal fest, **wie fünf kleine Vögel in ihrem Nest.**	Die Hand bildet eine Faust.
Da blickt die Sonne von oben herunter,	Von oben auf die Faust schauen.
und als erster wird der Daumen munter.	Den Daumen ausstrecken.
Dann reckt er sich und streckt er sich und sagt ganz erfreut:	Der Daumen bewegt sich.
„Guten Tag, liebe Sonne, schön ist es heut!"	Mit dem Daumen Redebewegungen machen.
Dann klopft er bei dem Nachbarn auf die Schulter ganz sacht': **„He du, aufgewacht!"**	Der Daumen klopft beim Zeigefinger an.
„Was soll das heißen? Mich einfach aus dem Schlaf zu reißen!"	Den Zeigefinger ausstrecken und bewegen.
Dann reckt er sich und streckt er sich und sagt ganz erfreut:	Der Zeigefinger bewegt sich.
„Guten Tag, liebe Sonne, schön ist es heut!"	Mit dem Zeigefinger Redebewegungen machen.

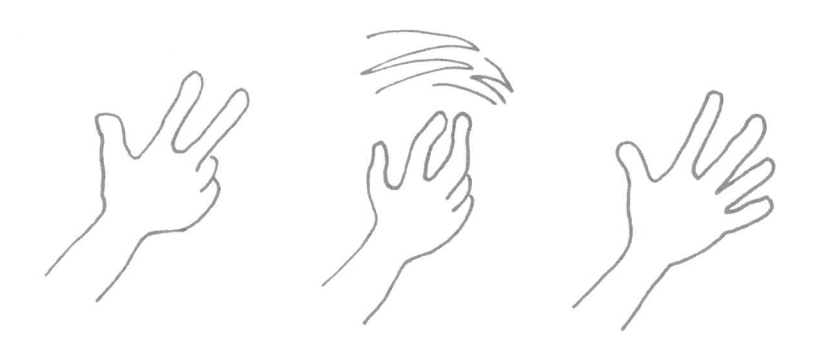

Dann klopft er bei dem Nachbarn auf die Schulter ganz sacht': „He du, aufgewacht!"	Der Zeigefinger klopft beim Mittelfinger an.
„Was soll das heißen? Mich einfach aus dem Schlaf zu reißen!"	Den Mittelfinger ausstrecken und bewegen.
Dann reckt er sich und streckt er sich und sagt ganz erfreut:	Der Mittelfinger bewegt sich.
„Guten Tag, liebe Sonne, schön ist es heut!"	Mit dem Mittelfinger Redebewegungen machen.
Da haben die drei so einen Krach gemacht, da sind auch die anderen aufgewacht.	Alle Finger ausstrecken und bewegen.
Die recken sich und strecken sich und sagen ganz erfreut:	Alle Finger bewegen sich.
„Guten Tag, liebe Sonne, schön ist es heut!"	Mit allen Fingern Redebewegungen machen.[16]

Die Lehrkraft wiederholt die Verse und reduziert nach und nach ihren Sprechanteil, bis die Kinder die Verse auswendig sprechen können. Gleichzeitig werden die Bewegungen ausgeführt.

Hinweise

Dieses Fingerspiel stellt größere Anforderungen an die Merkfähigkeit und die Körperkoordination. Es sollte erst angeboten werden, wenn die Kinder die vorhergehenden kürzeren Fingerspiele kennen.

Vgl. außerdem die Hinweise bei **Übung 16**.

---

[16] Aus: Andrea Streubier, Fingerspiele für viele ..., St. Peter-Ording, 2001, S. 8

Mundspiel

20) Schaut ein Mäuschen aus dem Häuschen

■ Förderung Motorik   ■ Förderung Sprache

Die Kinder und die Lehrkraft sprechen gemeinsam die Wörter und machen die Bewegungen:

Verse	Bewegungen
Schaut ein Mäuschen aus dem Häuschen,	Die Zunge herausstrecken.
schaut nach links,	Die Zunge nach links herausstrecken.
schaut nach rechts,	Die Zunge nach rechts herausstrecken.
schaut einmal rundherum.	Die Zunge um den Mund kreisen lassen.
Kommt die Katze angeschlichen, will das Mäuschen schnell erwischen.	Der Zeigefinger und der Mittelfinger einer Hand bilden die Katzenohren.
Flieht das Mäuschen in das Häuschen,	Die Zunge einziehen.
und dort zittert es ganz toll,	Die Zunge mit Geräusch zwischen den Wangen hin und her tanzen lassen.
macht sich vor Angst fast das Höschen voll.	Mit dem Mund pupsen.
Geht die Katze dann nach Haus,	Die Katzenohren verschwindet hinter dem Rücken.
streckt die Maus die Zunge raus.	Die Zunge herausstrecken.[17]

[17] Aus: Andrea Streubier, Fingerspiele für viele …, St.Peter-Ording, 2001, S. 1

Hinweise

Dieses Spiel fördert die Mundmotorik. Die Wörter müssen gesprochen werden, und sofort danach muss die passende Zungenbewegung ausgeführt werden. Es eignet sich besonders zur Förderung von Kindern mit schwach ausgeprägter Lippenspannung, undeutlicher Aussprache oder nicht immer kontrolliertem Speichelfluss.

Es ist darauf zu achten, dass Kinder mit Artikulationsschwäche deutlich und laut sprechen und die Mund- und Zungenbewegungen richtig ausführen.

Übung zur melodischen Differenzierungsfähigkeit

21 Kuchen-Vers

■ Förderung Sprache

Die Kinder sitzen auf ihren Plätzen und sprechen gemeinsam mit der Lehrkraft die folgenden Verse:

> **Meine Mi, meine Ma, meine Mutter schickt mich her,
> ob der Ki, ob der Ka, ob der Kuchen fertig wär',
> Wenn er ni, wenn er na, wenn er noch nicht fertig wär',
> käm' ich mi, käm' ich ma, käm' ich morgen wieder her.** [18]

Die **grün** gekennzeichneten Vokale werden nacheinander durch andere Vokale ersetzt. Die Reihenfolge der Vokale und die Art der Vokale bestimmt die Lehrkraft. Die Verse werden wiederholt, bis die Kinder sie auswendig sprechen können. Das Auswendiglernen erfolgt schneller, wenn es von Bewegungen begleitet wird. Die Bewegungen werden nebenstehend passend zum Vers angegeben.

Variationen
Die Übung kann auch im Stehen durchgeführt werden.

[18] Aus: Leonhard Blumenstock, Handbuch der Leseübungen, Weinheim, Beltz, 1991, S. 91

Kuchen-Vers

Rhythmus: Christa Hehemann
Text: überliefert

(immer beidhändig klatschen und patschen)

| pa | pa | kla | pa | pa | kla | pa | pa | kla | kla | kla | kla | kla | pa | pa |

Mei-ne Mi, mei-ne Ma, mei-ne Mut-ter schickt mich her, ob der

| kla | pa | pa | kla | pa | pa | kla | kla | kla | kla | kla | pa | pa |

Ki, ob der Ka, ob der Ku-chen fer-tig wär'. Wenn er

| kla | pa | pa | kla | pa | pa | kla | kla | kla | kla | kla | pa | pa |

ni, wenn er na, wenn er noch nicht fer-tig wär', käm ich

| kla | pa | pa | kla | pa | pa | kla | kla | kla | kla | kla |

mi, käm ich ma, käm ich mor-gen wie-der her.

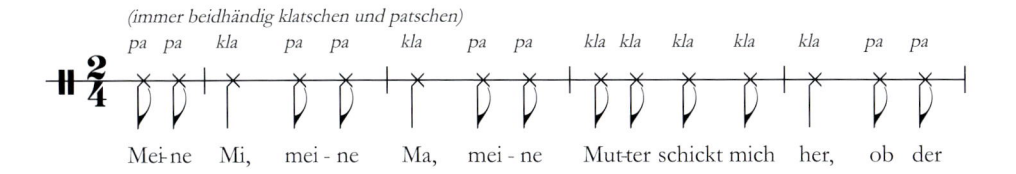

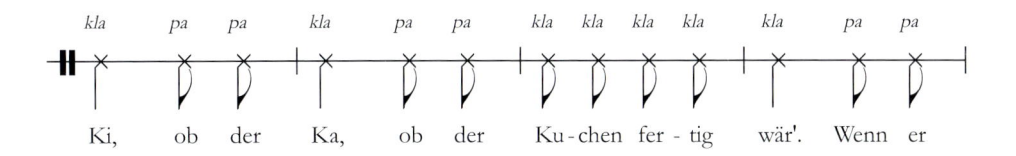

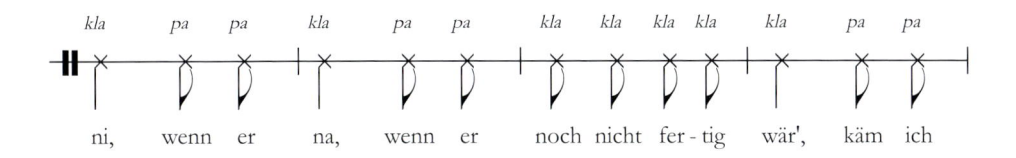

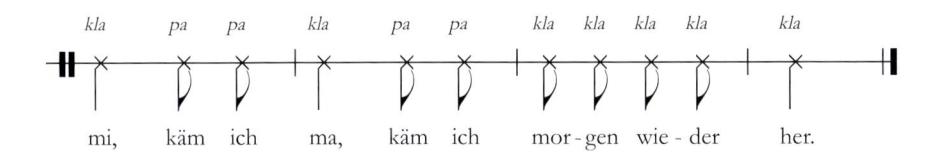

Hinweise

Mit dieser Übung wird das Sprachgedächtnis und die Konzentrationsfähigkeit trainiert. Durch den Austausch der Vokale wird die Aufmerksamkeit des Kindes auf die Lautfolge (die lautliche Durchgliederung des Wortes) gelenkt und so bewusster wahrgenommen. Außerdem wird die Aussprache der Vokale und die Anzahl der Vokale geübt.

Übung zur melodischen Differenzierungsfähigkeit

22 Unsinnsreim

■ Förderung Sprache

Die Kinder sitzen auf ihren Stühlen oder stehen vor ihren zurückgeschobenen Stühlen. Gemeinsam mit der Lehrkraft sprechen sie die folgenden Wörter:

**Es war einmal ein Mann, der kauft sich einen Kamm.
Der Kamm war ihm zu klein, da kauft er sich ein Schwein.
Das Schwein war ihm zu fett, da legt er sich ins Bett.
Das Bett war ihm zu weich, da legt er sich in den Teich.
Der Teich war ihm zu nass, da legt er sich ins Gras.
Das Gras war ihm zu grün, da ging er nach Berlin.
Berlin war ihm zu frech, und, patsch, hast du einen weg!**

Die Lehrkraft reduziert nach und nach den von ihr gesprochenen Wortanteil, bis die Kinder den Text auswendig sprechen können. Zunächst lässt sie die Reimwörter fehlen, dann die Nomen usw.

Für Kinder mit geringer Merkfähigkeit sollte der Text kürzer sein, z. B.:

**Ilse Bilse,
keiner will se!
Doch der Koch
nahm sie doch,
weil sie so nach Zwiebeln roch!**

Variationen

Bewegungen, die den Text verdeutlichen, können während des Sprechens dazu ausgeführt werden. Zum Beispiel: Die Hand streicht über das Haar, als ob sie einen Kamm halten würde. Der Text wird so schneller gelernt.

Hinweise

Unsinnsreime lernen Kinder wegen des Vergnügens beim Sprechen schneller auswendig als andere Reime. Das emotionale Empfinden wird besonders stark angesprochen. Das Sprachgedächtnis wird trainiert und ein längerer Text behalten.

Es ist darauf zu achten, dass Kinder mit einer Artikulationsschwäche die Wörter deutlich sprechen.

Bewegungslied zur Förderung der melodischen Differenzierungsfähigkeit

23 Boogie-Woogie

■ Förderung Motorik   ■ Förderung Sprache   ■ Lied Nr. 3/4/5

Die Kinder stehen im Kreis und singen gemeinsam mit der Lehrkraft.

Bei der Einführung dieses Liedes wird der Text mit den Bewegungen (diese befinden sich über den Notenzeilen) zunächst abschnittsweise mehrfach rhythmisch gesprochen und so eingeübt. Auf diese Weise können die Kinder den Sprachrhythmus schnell erlernen, da sie nicht zusätzlich auf die Melodie achten müssen. Erst anschließend nimmt die Lehrkraft die Melodie hinzu, welche die Kinder durch den ihnen schon bekannten Sprachrhythmus schnell verinnerlichen.

Die Bedeutung der Abkürzungen steht auf Seite 35.

Hinweise

Bei diesem und den vier folgenden Liedern werden beim Singen Bewegungen ausgeführt.

Die Lieder sind so ausgewählt, dass mit ihnen die rhythmisch-melodische Differenzierungsfähigkeit der deutschen Sprache geübt wird. Die Kinder betonen beim Singen die Wörter im Sprachrhythmus der deutschen Sprache. Kinder mit einer undeutlichen Aussprache und einer falschen Betonung der Wörter im Satz werden so gefördert. Kinder, deren Muttersprache nicht Deutsch ist, lernen die Betonungsmuster der deutschen Sprache. Gleichzeitig wird das Sprachgedächtnis aller Kinder trainiert. Alle sollten den Text und die Melodie nach und nach auswendig singen können.

Beim Singen führen die Kinder die angegebenen Bewegungen aus. Die Bewegungen unterstützen die Merkfähigkeit des Textes. Gleichzeitig fördern sie die Kinder in den angegebenen motorischen Bereichen.

Durch die Gleichzeitigkeit von Singen und Bewegung werden die Gehirnzellen unterschiedlicher Bereiche verknüpft. Es sind die Bereiche, die für den Umgang mit der Sprache wichtig sind.

So fördert ein Lied, das vielen Kindern Spaß bereitet, die Kinder sprachlich und körperlich.

Nach unserer Erfahrung lernen Kinder leichter die Schriftsprache, wenn sie täglich kurze Bewegungslieder singen. Da nicht jede Lehrkraft singen kann, kann zur Unterstützung im Unterricht die CD verwendet werden.

Wichtig ist, dass die Lehrkraft Kinder mit Förderbedarf beobachtet, anleitet und korrigiert.

Boogie-Woogie

Melodie und Text: überliefert

1. Erst kommt das rechte Bein herein, dann kommt das rechte Bein heraus, dann kommt das rechte Bein herein, und dann schütteln wir es aus. Dann kommt der Boogie, Boogie-Woogie und dann drehen wir uns um, und alle machen mit. [zwo drei vier] Boogie-Woogie, Boogie-Woogie, Boogie-Woogie, und alle machen mit.

2. Jetzt kommt das linke Bein herein …
3. Jetzt kommt der rechte Arm herein …
4. Jetzt kommt der linke Arm herein …

Bewegungslied zur Förderung der Mundmotorik

24) Das Gespenst in der Schule

■ Förderung Motorik   ■ Förderung Sprache   ■ Lied Nr. 6/7

Die Kinder stehen im Kreis und singen gemeinsam mit der Lehrkraft.

Bei der Einführung dieses Liedes wird der Text mit den Bewegungen zunächst abschnittsweise mehrfach rhythmisch gesprochen und so eingeübt. Die Bewegungen werden pantomimisch zu jeder Strophe erarbeitet. Bei **„frisst so gerne Stifte"** können z. B. pantomimisch die Hände zum Mund geführt werden.

Auf diese Weise können die Kinder den Sprachrhythmus schnell erlernen, da sie nicht zusätzlich auf die Melodie achten müssen. Erst anschließend nimmt die Lehrkraft die Melodie hinzu, die die Kinder durch den ihnen schon bekannten Sprachrhythmus schnell verinnerlichen.

Die Lautfolge **„hu-i-bu hi hi hu-i-bu hi hi hi"** des Refrains demonstriert die Lehrkraft mit übertrieben deutlichen Mund- und Lippenbewegungen. Die Kinder ahmen beim Singen die übertrieben deutlichen Bewegungen nach. Der weitere Text des Liedes wird mit normalen Mund- und Lippenbewegungen gesungen.

Hinweise
Das Lied wird gesungen nach der Melodie „Im Walde von Toulouse".

Vgl. außerdem die Hinweise bei **Übung 23**.

Das Gespenst in der Schule

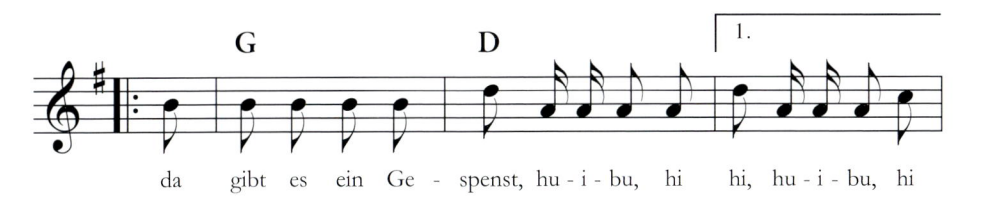

Melodie: aus Frankreich
Text: Christa Hehemann

In uns-rer neu-en Schu-le da gibt es ein Ge-spenst, da gibt es ein Ge-spenst, hu-i-bu, hi hi, hu-i-bu, hi hi hi! hi, hu-i-bu, hi hi!

2. |: Es tanzt auf unsren Tischen und räumt die Schränke leer, :|
   und räumt die Schränke leer, huibu hi hi huibu hi hi hi,
   und räumt die Schränke leer, huibu hi hi huibu hi hi.

3. |: Es frisst so gerne Stifte und malt in Heften rum, :|
   und malt in Heften rum, huibu hi hi huibu hi hi hi,
   und malt in Heften rum, huibu hi hi huibu hi hi.

4. |: Es hat schon mal verschlafen und saß noch morgens da, :|
   und saß noch morgens da, huibu hi hi huibu hi hi hi,
   und saß noch morgens da, huibu hi hi huibu hi hi.

5. |: Es sah die vielen Kinder und wusste nicht wohin, :|
   und wusste nicht wohin, huibu hi hi huibu hi hi hi,
   und wusste nicht wohin, huibu hi hi huibu hi hi.

6. |: Es war zuerst erschrocken, doch freute sich dann sehr, :|
   doch freute sich dann sehr, huibu hi hi huibu hi hi hi,
   doch freute sich dann sehr, huibu hi hi huibu hi hi.

7. |: Jetzt lernt es mit den Kindern und lässt den ganzen Quatsch, :|
   und lässt den ganzen Quatsch, huibu hi hi huibu hi hi hi,
   und lässt den ganzen Quatsch, huibu hi hi huibu hi hi.

Bewegungslied zur Förderung der
Überkreuzbewegung und Körperspannung

25) Mach's gerade so wie ich

■ Förderung Motorik   ■ Förderung Sprache   ■ Lied Nr. 8/9/10

Die Kinder stehen im Kreis. Die Lehrkraft macht vor dem Singen eine Bewegungsfolge vor (siehe rechte Seite unter den Noten). Anschließend wird das Lied gesungen und dabei die jeweilige Bewegungsfolge immer wieder von allen Kindern ausgeführt, bis das Lied zu Ende ist.

Nach fünf Durchgängen oder früher kann das Lied beendet werden.

Variationen
Das Lied kann auch im Sitzen gesungen werden.

Hinweis
Im Unterricht dachten sich die Kinder nach mehrmaligem Singen weitere Bewegungen aus. Die Bewegungen der Kinder können in das Lied eingebaut werden.

Vgl. außerdem die Hinweise bei **Übung 23**.

Mach's gerade so wie ich

mündlich überliefert

Mach's ge-ra-de so wie ich, so wie ich, so wie ich.

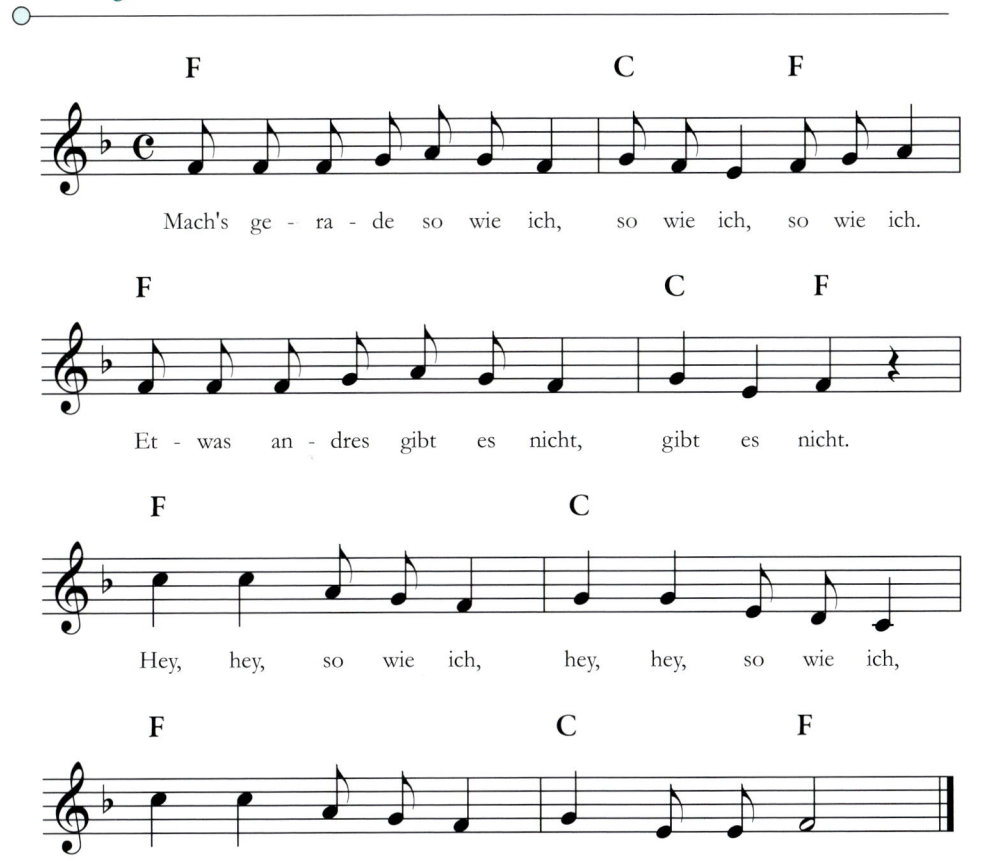

Et-was an-dres gibt es nicht, gibt es nicht.

Hey, hey, so wie ich, hey, hey, so wie ich,

hey, hey, so wie ich, so wird's ge-macht!

Bewegungsvorschläge

1. Durchgang: Abwechselnd einmal mit der rechten Hand auf das rechte und das linke Knie patschen.
2. Durchgang: Abwechselnd einmal mit der linken Hand auf das linke und das rechte Knie patschen.
3. Durchgang: Abwechselnd einmal in die Hände klatschen und dann einmal mit der rechten Hand auf die linke Schulter patschen.
4. Durchgang: Abwechselnd einmal in die Hände klatschen und dann einmal mit der linken Hand auf die rechte Schulter patschen.
5. Durchgang: Der rechte Fuß kreuzt den linken Standfuß und wird wieder zurückgesetzt.

usw.

Bewegungslied zur Förderung der melodischen Differenzierungsfähigkeit

26 Was müssen das für Bäume sein …

■ Förderung Motorik   ■ Förderung Sprache   ■ Lied Nr. 11/12

Die Kinder stehen im Kreis. Gemeinsam mit der Lehrkraft führen sie die Bewegungen passend zum Lied nach den Vorgaben über den Liedzeilen aus.

Variationen
1. Alle Kinder singen und klatschen auf die betonten Zählzeiten (1 und 3). Mit dieser Variation werden die Betonungsmuster der deutschen Sprache nochmals vertieft.
2. Eine Gruppe von Kindern singt und klatscht auf die betonten Zählzeiten (1 und 3). Gleichzeitig führt eine zweite Gruppe von Kindern die passenden Bewegungen dazu aus.

Hinweise

Die Kinder betonen beim Singen die Wörter im Sprachrhythmus der deutschen Sprache. Kinder mit einer undeutlichen Aussprache und einer falschen Betonung der Wörter im Satz werden gefördert. Kinder, deren Muttersprache nicht Deutsch ist, lernen die Betonungsmuster der deutschen Sprache.

Beim Singen führen die Kinder die angegebenen Bewegungen aus. Die Bewegungen unterstützen die Merkfähigkeit des Textes. Sie fördern die Kinder in der Überkreuzbewegung (bilaterale Koordination) und der Körperspannung.

Vgl. außerdem die Hinweise bei **Übung 23**.

Was müssen das für Bäume sein ...

Melodie und Text: überliefert

(Arme nach oben, sich strecken)

Was müs-sen das für Bäu-me sein, wo die

(Elefant darstellen) *(auf der Stelle gehen)*

gro-ßen E-le-fan-ten spa-zie-ren geh'n, oh-ne sich zu

(Hand vor den Kopf) *(zur re bzw. zur li Seite drehen, runden Baum darstellen)*

sto - ßen. Rechts sind Bäu-me, links sind Bäu-me,

(Zwischenraum mit Händen zeigen)

und da-zwi-schen Zwi-schen-räu-me, wo die gro-ßen E-

(Elefant darstellen) *(auf der Stelle gehen)* *(Hand vor den Kopf)*

le-fan-ten spa-zie-ren geh'n, oh-ne sich zu sto - ßen.

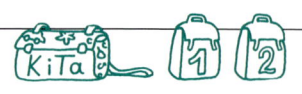

Bewegungslied zur Förderung der Artikulation der Vokale

27) Drei Chinesen mit dem Kontrabass

■ Förderung Sprache

■ Lied Nr. 13/14

Die Kinder sitzen auf ihren Plätzen oder stehen vor ihren Stühlen am Tisch. Bevor der Unterricht beginnt, singen die Lehrkraft und die Kinder das Lied wie in den Notenzeilen angegeben.

Nachdem das Lied gesungen wurde, können beim nächsten Durchgang die Vokale der Wörter ausgetauscht werden:

    I: **Dri Chinisin mit dim ...**
    O: **Dro Chonoson mot dom ...**

Ebenso kann man das Lied auf a, e, u, ä, ö, ü, eu usw. singen!

Variationen
Es können verschiedene Bewegungen zum Lied ausgeführt werden: drei Finger zeigen, Mandelaugen mit den Fingern andeuten, Bass streichen usw.

Hinweise
Dieses Lied eignet sich besonders gut für den Einstieg in eine Deutschstunde. Mit ihm wird das Sprachgedächtnis und die Konzentrationsfähigkeit trainiert. Die Wörter werden durch den Austausch der Vokale zu Unsinnswörtern. Diese ungewöhnlichen Wörter regen das emotionale Empfinden an: Den Kindern bereitet das Aussprechen der Wörter Vergnügen. Spielerisch wird durch den Austausch der Vokale die Aufmerksamkeit des Kindes auf die Lautfolge gelenkt (die lautliche Durchgliederung des Wortes). Sie wird durch den Austausch der Vokale bewusster wahrgenommen. Außerdem wird die Aussprache der Vokale und die Anzahl der Vokale geübt.

Vgl. außerdem die Hinweise bei **Übung 23**.

Drei Chinesen mit dem Kontrabass

Melodie und Text: überliefert

D — Drei Chi-ne-sen mit dem Kon-tra-bass
A —
A — sa-ßen auf der Stra-ße und er-zähl-ten sich was. Da
D —
D — kam die Po-li-zei: „Ja, was ist denn das?"
G —
A7 — Drei Chi-ne-sen mit dem Kon-tra-bass.
D —

Bewegungspause

Kinder können besser lernen, wenn sie sich im Unterricht gelegentlich bewegen. Die Durchblutung des Gehirns und der Körpergefäße wird durch die Bewegung verbessert und die Konzentrationsfähigkeit steigt.

Mit ausgesuchten Übungen können gleichzeitig fehlende motorische oder sprachliche Fähigkeiten gefördert werden. Kennt die Lehrkraft die Fähigkeiten, die einem Kind fehlen, können diese so täglich in Bewegungsspielen in der Klassengemeinschaft trainiert werden.

Die folgenden Übungen eignen sich besonders zur Ausführung im Raum. Nach 20 bis 25 Minuten sitzender Haltung schweifen die Gedanken der Kinder ab. Sie sind nicht mehr konzentriert im Unterricht dabei. Das gilt nicht nur für die Kinder der ersten Klasse, sondern für alle Kinder. Die Erfahrung hat gezeigt: Nach der gemeinsamen Bewegungspause sind alle Kinder ruhiger und aufmerksamer.

Den Übungseinheiten ist ein Rap **(Übung 28)** vorangestellt. Die Lehrkraft kann damit das Zeichen geben: Erklingt dieser Rap, so folgt danach eine Bewegungspause!

Die Übungen zur Bewegungspause beginnen mit Bewegungsliedern. Sie wecken positive Emotionen und fördern die Sprache und die Motorik **(Übungen 29–31)**. Die Lieder wurden so entwickelt, dass möglichst viele motorische und sprachliche Bereiche mit ihnen gefördert werden können.

Danach folgen Übungen zur Förderung des rhythmischen Körpergefühls **(Übungen 32–38)**. Diese Übungen sind gut geeignet zur Bewegungspause in einem Unterricht zur Steigerung des Leseverständnisses und in Mathematikstunden.

Die darauffolgenden motorischen **Übungen 39–44** sind so angelegt, dass mit ihnen der Körper nach dem Sitzen gelockert wird und die Körperspannung und die Überkreuzbewegungen gefördert werden. Die **Übung 44** eignet sich besonders für jüngere Kinder zur Förderung der Artikulation.

Es folgen Übungen zur Förderung des Hautsinns **(45–48)**. Sie eignen sich gut für die Bewegungspause, da die Kinder sich im Raum befinden und bereits einige Zeit dicht neben einem anderen Kind gesessen haben. Nähe wurde so erfahren, das Partnerkind ist bereits vertraut. Jetzt kann sich ein Kind mit Förderbedarf vielleicht einfacher auf eine Berührung einlassen.

Die folgenden Fingerspiele **(Übungen 49 und 50)** haben sich bei jüngeren Kindern bewährt. Nach einem Fingerspiel waren sie entspannt und bereit, sich wieder auf den Unterricht einzulassen. Mit diesen Übungen wird gleichzeitig eine motorische und sprachliche Förderung erreicht.

Rap zur Einführung einer Bewegungspause

28 Stift-und-Papier-Rap

■ Förderung Motorik   ■ Förderung Sprache   ■ Lied Nr. 15/16/17

Die Kinder sitzen am Tisch und arbeiten. Die Lehrkraft spricht den rechts angegebenen Rap. Während des Sprechens bereiten sich die Kinder auf die folgende Bewegungspause vor, indem sie ihre Arbeitsmaterialien auf den Tisch legen. Die Lehrkraft spricht rhythmisch:

„Der Stift liegt jetzt auf …"

Der rhythmisch gesprochene Text ist als Einstimmung für die Bewegungspause gedacht. Die Kinder wissen: Werden diese Worte gesprochen, stehen wir und singen oder spielen gemeinsam.

Variationen

1. Der Text wird von der Lehrkraft wiederholt, und die Kinder sprechen den Text mit.
2. Die Kinder schieben die Stühle an den Tisch und stellen sich hinter sie. Sie ahmen nach dem Sprechen des Textes alle Bewegungen der Lehrkraft nach. Diese bewegt z. B. die Arme überkreuz, steht auf und setzt sich wieder, berührt die Nase, legt die Hand auf den Kopf, kreuzt die Füße, kreuzt die Beine, berührt den Fuß mit der Hand usw. Es können auch mehrere Bewegungen nacheinander ausgeführt und dann von den Kindern nachgeahmt werden.
3. Anstatt „deinem Papier" können auch andere Gegenstände genannt werden, z. B. deinem Tisch, deinem Buch, deinem Heft …

Hinweise

Die Erfahrung im Unterricht hat folgendes gezeigt: Durch den Rap werden diejenigen Kinder erreicht, die mehrmalige Aufforderungen benötigen, um ihre Stifte beiseite zu legen. Nach mehrmaliger Ausführung der Übung im Unterricht beginnen die Kinder mitzuschnipsen und mitzusprechen. Sie stellen sich so auf die Bewegungspause ein.

Stift-und-Papier-Rap

Melodie und Text: Christa Hehemann

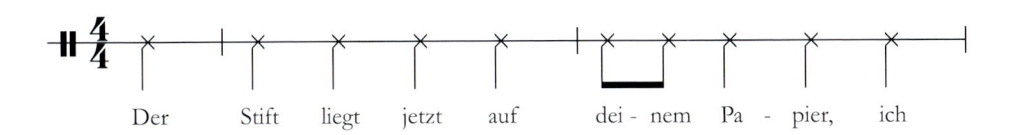

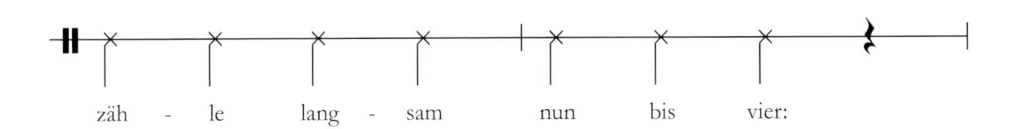

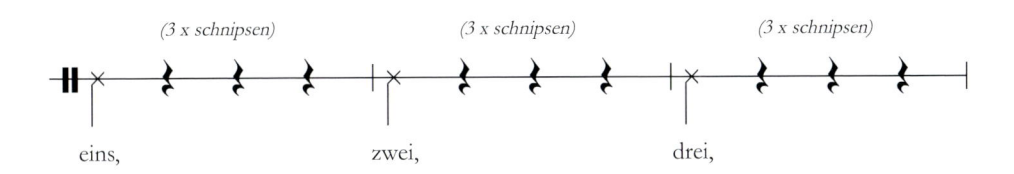

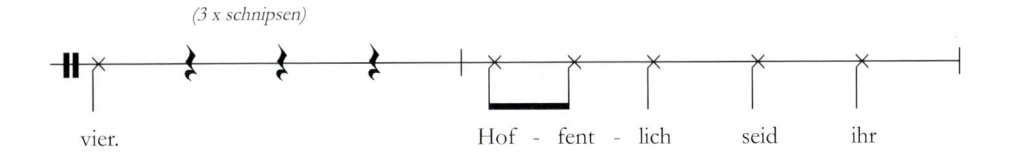

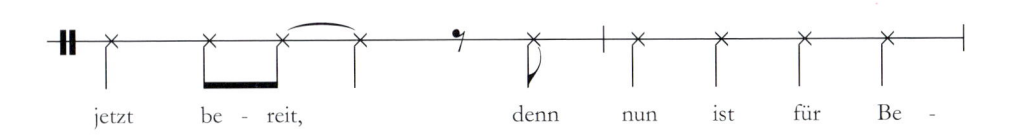

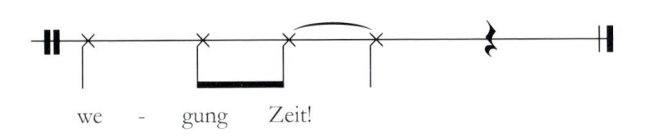

Der Stift liegt jetzt auf dei-nem Pa-pier, ich zäh-le lang-sam nun bis vier:

(3 x schnipsen) eins, *(3 x schnipsen)* zwei, *(3 x schnipsen)* drei, *(3 x schnipsen)* vier.

Hof-fent-lich seid ihr jetzt be-reit, denn nun ist für Be-we-gung Zeit!

Rap mit Bewegungsfolgen zur Lockerung des Körpers

29) Bewegungs-Rap

- Förderung Motorik
- Förderung Sprache
- Lied Nr. 18/19

Die Fenster im Raum werden geöffnet. Die Kinder stehen hinter ihren Stühlen, die an den Tisch geschoben wurden. Sie können auch im Klassenraum im Kreis stehen. Gemeinsam mit der Lehrkraft sprechen sie den Bewegungs-Rap. Während des gemeinsamen Sprechgesangs werden die Bewegungen, wie über den Liedzeilen beschrieben, von allen Kindern gemeinsam mit der Lehrkraft ausgeführt.

Hinweise

Mit diesem Rap werden alle grundlegenden motorischen Bereiche und die Sprache gefördert.

Nach dem Lied erscheinen die Kinder entspannter. Sie werden von der Lehrkraft aufgefordert, sich schnell und leise wieder zu setzen.

Mithilfe der CD kann der Rhythmus besser nachgespürt werden.

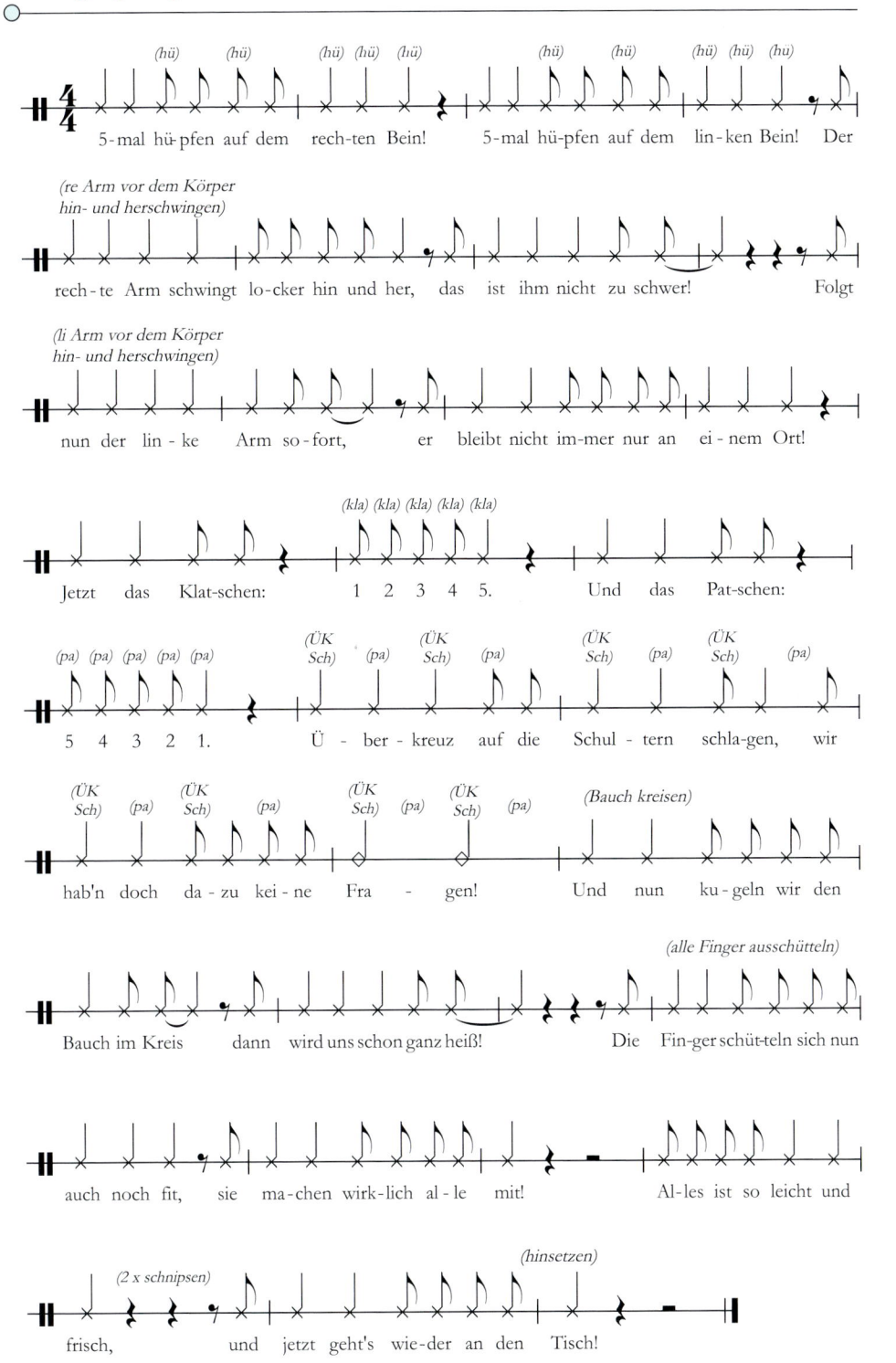

Bewegungs-Rap

Melodie und Text: Christa Hehemann

(hü) (hü) (hü) (hü) (hü) (hü) (hü) (hü) (hü) (hu)

5-mal hü-pfen auf dem rech-ten Bein! 5-mal hü-pfen auf dem lin-ken Bein! Der

(re Arm vor dem Körper hin- und herschwingen)

rech-te Arm schwingt lo-cker hin und her, das ist ihm nicht zu schwer! Folgt

(li Arm vor dem Körper hin- und herschwingen)

nun der lin-ke Arm so-fort, er bleibt nicht im-mer nur an ei-nem Ort!

(kla) (kla) (kla) (kla) (kla)

Jetzt das Klat-schen: 1 2 3 4 5. Und das Pat-schen:

(pa) (pa) (pa) (pa) (pa)   *(ÜK Sch) (pa) (ÜK Sch) (pa) (ÜK Sch) (pa) (ÜK Sch) (pa)*

5 4 3 2 1. Ü - ber - kreuz auf die Schul - tern schla-gen, wir

(ÜK Sch) (pa) (ÜK Sch) (pa) (ÜK Sch) (pa) (ÜK Sch) (pa)   *(Bauch kreisen)*

hab'n doch da-zu kei-ne Fra - gen! Und nun ku-geln wir den

(alle Finger ausschütteln)

Bauch im Kreis dann wird uns schon ganz heiß! Die Fin-ger schüt-teln sich nun

auch noch fit, sie ma-chen wirk-lich al-le mit! Al-les ist so leicht und

(2 x schnipsen)   *(hinsetzen)*

frisch, und jetzt geht's wie-der an den Tisch!

Lied mit Bewegungsfolgen zur Lockerung des Körpers

30 Der Elefant ist fit

■ Förderung Motorik   ■ Förderung Sprache   ■ Lied Nr. 20/21

Die Fenster werden geöffnet, und die Kinder stellen sich im Kreis auf. Das Gesicht zeigt zur Mitte. Beim gemeinsamen Singen wird zunächst mit den Armen ein Elefant dargestellt (vgl. Zeichnung).

Wird im Lied das Wort **„trompetet"** gesungen, hebt jeder **„Elefant"** seinen **„Rüssel"** in die Höhe. Danach wird die Bewegung der Arme wieder gelöst.

Während der Refrain gesungen wird, kann man verschiedene Bewegungen – z. B. stampfen, patschen, klatschen, schnipsen, tippen usw. – von einem Kind erst vor- und von allen Kindern dann nachmachen lassen. Es ist auch möglich, das rechte Bein nach vorne links zu bewegen (und umgekehrt). Die Arme können zu den Schultern hin überkreuzt werden.

Hinweise

Das Lied wird gesungen nach der Melodie „Die Affen rasen durch den Wald".

Mit diesem Lied werden alle grundlegenden motorischen Bereiche und die Sprache gefördert.

In der Unterrichtspraxis brachten die Kinder weitere tolle Bewegungsideen ein, die in das Lied eingebaut werden konnten.

Der Elefant ist fit

Melodie: überliefert
Text: Christa Hehemann

Der E-le-fant, der ist so fit, der macht ja im-mer al-les mit, er trom-pe-tet laut he-raus: Macht doch al-le mit, macht doch al-le mit, dann seid ihr bald so fit wie ich! Macht doch al-le mit, macht doch al-le mit, dann seid ihr bald so fit wie ich!

Lied mit Bewegungsfolgen zur Lockerung des Körpers

31 Dumba-Hit

■ Förderung Motorik   ■ Förderung Sprache   ■ Lied Nr. 22/23/24

Die Fenster werden geöffnet. Die Kinder rücken vor dem Singen mit ihren Stühlen vom Tisch zurück, bleiben aber auf ihren Stühlen sitzen.

Nun wird das Lied gemeinsam gesungen. Währenddessen werden die Bewegungen, die **über den Liedzeilen** angegeben sind, von der Lehrkraft und allen Kindern gemeinsam ausgeführt.

Variationen
Die Kinder schnipsen passend zur Gewichtsverlagerung auch noch gleichzeitig mit den Fingern.

Hinweise
Der Dumba-Hit wird gesungen nach der Melodie „Theo, Bananenbrot".

Mit diesem Lied werden alle grundlegenden motorischen Bereiche und die Sprache gefördert.

Lied: Dumba-Hit

Melodie: überliefert
Text: Christa Hehemann

C *(mit dem Finger auf ein Kind zeigen)* **G7** *(aufstehen)* **C**

Hey du! Steh doch mal auf!

C *(Gewichtsverlagerung vom re auf li Bein)* **G7** **C** **C** *(mit dem Finger auf ein Kind zeigen)*

Komm und tanz doch ganz ein-fach mit! Hey du!

G7 **C** **C** *(Gewichtsverlagerung vom re auf li Bein)* **G7** **C**

Steh doch mal auf! Und dann tan-zen wir den Dum-ba-Schritt!

C *(re Fuß vor)* *(re Fuß zurück)* *(sich drehen)* **C** *(Gewichtsverlagerung vom re auf li Bein)*

Vor, zu-rück und rund-he-rum! Ja, der Dum-ba liegt

G7 **C** **C** *(re Arm hoch und schütteln)* *(li Arm hoch und schütteln)* *(Finger zum Kopf)*

mir im Blut. Rechts und links, wir sind nicht dumm!

C *(Gewichtsverlagerung vom re auf li Bein)* **G7** **C** **C** *(ÜK Sch)* *(ÜK pa)* *(ÜK Sch)* *(ÜK pa)*

Ja, der Dum-ba liegt mir im Blut. Ü-ber-kreuz, das kön-nen wir,

G7 *(ÜK Sch)* *(ÜK pa)* *(ÜK Sch)* *(ÜK pa)* **C** *(Gewichtsverlagerung vom re auf li Bein)* **G7** **C** *(Arme bis in die Fingerspitzen gestreckt nach oben)*

das ist ja kein The-ma! Ja der Dum-ba liegt mir im Blut.

Übung zur rhythmischen
Differenzierungsfähigkeit

(32) Reime klatschen

■ Förderung Motorik   ■ Förderung Sprache

Die Lehrkraft und die Kinder sprechen Reime in Silben und klatschen dazu den Wortrhythmus. Die **grün** gekennzeichneten Silben werden lauter geklatscht. Als Hilfe für Kinder mit Förderbedarf nimmt die Lehrkraft bei diesen Silben die Arme weit auseinander und klatscht dann in die Hände. So wird die Betonung für die Kinder mit Förderbedarf deutlich. Die nicht schwarz gedruckten Silben werden mit kurzen, schnellen Handbewegungen leiser geklatscht[19]. Beispiele:

> Es war ei-ne Mut-ter, die hat-te vier Kin-der,
> den Früh-ling, den Som-mer, den Herbst und den Win-ter!

> Der Früh-ling bringt Blu-men, der Som-mer den Klee, (Pause)
> der Herbst der bringt Trau-ben, der Win-ter den Schnee.

Haben alle Kinder den Wortrhythmus erfasst, sind die übertriebenen Handbewegungen nicht mehr notwendig.

---

[19] Diese Art Silben zu klatschen lernte ich bei Herrn Kuhn, dem Autor der Fibel „ABC – Lesen in Silben" Kennen (Klaus Kuhn, Lesen in Silben, Offenburg, Mildenberger, 2001).

Variationen

Es können alle Reime nach Wahl, z. B. Gedichte oder Texte aus dem Lesebuch, verwendet werden. Es werden alle Silben geklatscht, die betonten jedoch stärker!

Hinweise

Das rhythmische Klatschen und gleichzeitige Sprechen gibt den Kindern ein Gefühl für den Sprachrhythmus der deutschen Sprache. Es fördert auch das Leseverständnis.

Kindern mit Problemen in Mathematik und wenig Leseverständnis fällt es sehr schwer, nicht nur einfach irgendwie in die Hände, sondern rhythmisch zu klatschen. Sie erfassen den Klatsch-Rhythmus im Unterricht nur, wenn er durch deutliche Zeichen kenntlich wird.

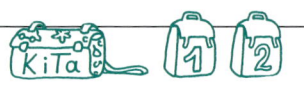

Berührungsspiel zur rhythmischen Differenzierungsfähigkeit

33 Körperklopfer

■ Förderung Motorik   ■ Förderung Sprache

Die Kinder stehen auf und schieben ihre Stühle an den Tisch. Die Fenster werden geöffnet. Die Lehrkraft demonstriert die Übung mit zwei Kindern, die gut von allen anderen Kindern gesehen werden.

Zwei Kinder stellen sich mit dem Gesicht zueinander. Ein Kind klopft mit der flachen Hand zuerst auf die Schulter des anderen Kindes, dann auf dessen Arm, Hüfte, Oberschenkel, Unterschenkel und Fuß. Dabei spricht es gleichzeitig in Silben den Namen des berührten Körperteils aus. Es ist gleichgültig, ob das rechte oder linke Körperteil geklopft wird:

„**Ich klop-fe dei-ne Schul-ter.**
Ich klop-fe dei-nen Arm.
Ich klop-fe dei-ne Hüf-te.
Ich klop-fe dei-nen O-ber-schen-kel.
Ich klop-fe dein Knie.
Ich klop-fe dei-nen Un-ter-schen-kel.
Ich klop-fe dei-nen Fuß."

Anschließend wechseln die Partner.

Die Lehrkraft weist alle Kinder darauf hin, dass die Klopfer in der Ausführung angenehm für das Partnerkind sein müssen. Andernfalls ruft das Partnerkind laut: „**Stopp!**", und die Klopfer enden sofort.

Die Lehrkraft bestimmt, wann die Partnerkinder die Rollen tauschen. Dazu ruft sie laut: „**Partnerwechsel!**" Die Körperklopfer beginnen beim Partnerkind von Neuem.

Variationen

Zwei Kinder stehen sich gegenüber. Das Kind spricht:

„**Ich klop-fe dei-ne rech-te Schulter! Ich klop-fe dei-ne …**"

usw.

Das Kind bewegt dabei den Arm über seine Körpermitte hinweg und klopft die gegenüberliegenden Körperteile des Partners und benennt sie.

Hinweise

Bei dieser Übung steht nicht das Erfahren der Abgrenzung des eigenen Körpers im Raum im Vordergrund – das war die Grundlage der **Übungen Nr. 6 und Nr. 7** zum Stundenbeginn. Diese Übung legt den Schwerpunkt auf das rhythmische Sprechen. Dieses wird erleichtert durch das Klopfen auf die Körperteile des Partners.

Gleichzeitig wird die Durchblutung dieser Körperteile und die Wahrnehmung über die Haut positiv angeregt. Der hergestellte körperliche Kontakt geschieht auf Distanz. Es muss Rücksicht genommen werden auf den Partner. Das Klopfen muss für den Partner jederzeit angenehm sein. Der Sozialkontakt und die Rücksichtnahme wird gefördert.

Es ist darauf zu achten, dass die Körperteile korrekt benannt werden.

Übung zur rhythmischen Differenzierungsfähigkeit

34 Kniewippe

Förderung Motorik

Die Kinder stehen auf und schieben die Stühle an den Tisch. Alle stehen mit dem Gesicht zur Lehrkraft. Die Lehrkraft wippt rhythmisch in den Knien. Sie fordert die Kinder auf, die Bewegung mitzumachen. Die Lehrkraft und die Kinder wippen gleichzeitig in den Knien.

Die Kinder kommen besser in den Bewegungsrhythmus hinein, wenn die Lehrkraft die Bewegung vorgibt und dabei mitzählt:

„**Runter, rauf, runter, rauf, …**"

Dabei muss die Bewegungsfolge zunächst langsam sein. Kinder mit Förderbedarf benötigen eine längere Zeit, bis sie gleichmäßig in den Knien wippen können.

Hinweise

Die **Übungen 34–37** bauen aufeinander auf.

Es zeigte sich, dass viele Kinder der Gruppe die Bewegungen der **Übungen 35 und 36** nicht rhythmisch in der verlangten Reihenfolge ausführen konnten. Es waren die Kinder mit Förderbedarf. Sie hatten ein geringes Leseverständnis und Probleme in Mathematik.

Es bewährte sich daher, zunächst nur die rhythmische Bewegung des Wippens in den Knien zu üben **(diese Übung)**. Haben die Kinder diese rhythmische Bewegung verinnerlicht, können sie die Kombination der rhythmischen Bewegungen **(Übung 35 und 36)** leichter ausführen. Die Ausführung der **Übungen 37** (zu Popmusik) fällt dann fast allen Kindern leicht und bereitet ihnen Vergnügen.

Mit dieser Übung wird die rhythmisch strukturierende Differenzierungsfähigkeit trainiert. Sie ist wichtig zum Leseverständnis und auch wichtig für den Bereich Mathematik (z. B. mehr – weniger, größer – kleiner).

Übung zur rhythmischen
Differenzierungsfähigkeit

35 Klassenballett I

■ Förderung Motorik

Wenn alle Kinder der Gruppe die vorhergehende Übung ausführen können, folgt diese aus zwei Teilen bestehende Übung.

Die Kinder stehen auf und schieben die Stühle an den Tisch. Alle stehen mit dem Gesicht zur Lehrkraft. Sie wippen gleichzeitig mit der Lehrkraft in den Knien.

Jetzt folgt Teil 1 der Übung: Die Lehrkraft gibt die weitere Bewegungsfolge vor und fordert die Kinder zum Mitmachen auf. Sie spricht und handelt gleichzeitig:
„Deine Fingerspitzen berühren die Schultern, und deine Ellenbogen zeigen dabei seitwärts vom Körper weg.
In rhythmischen Bewegungen streckst du deine Arme zu jeder Kniebeuge lang **seitwärts** bis in die Fingerspitzen gerade aus.
Die Knie werden wieder gerade, und deine Fingerspitzen beugen sich wieder zur Schulter und berühren sie."

Die Bewegung wird entweder viermal oder achtmal wiederholt.

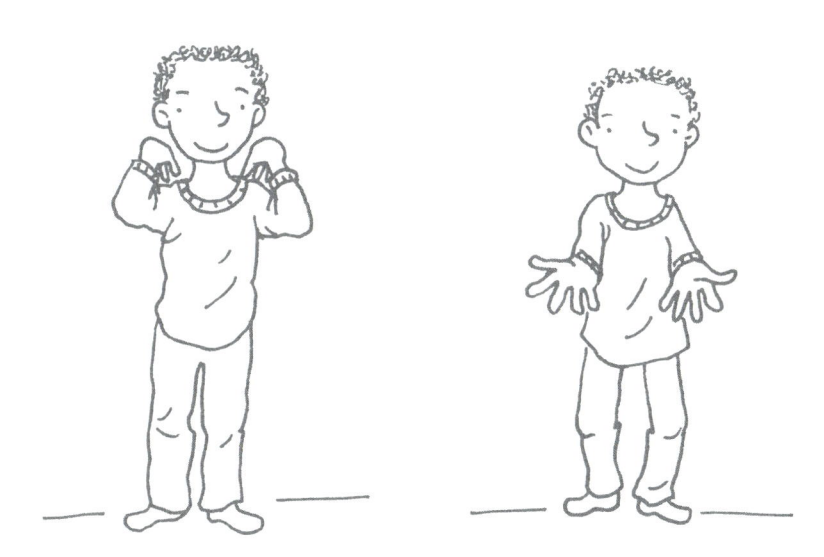

Dann folgt Teil 2: Die Lehrkraft spricht und handelt weiter:
> „**Deine Hände berühren mit den Fingerspitzen locker die Schultern und deine Ellenbogen zeigen nach vorne.**
> **In rhythmischen Bewegungen werden zu jeder Kniebeuge deine Arme lang nach vorne bis in die Fingerspitzen gestreckt und beim Kniestrecken wieder zur Schulter gebeugt."**

Die Bewegung wird entweder viermal oder achtmal wiederholt.

Es können zwei oder drei Durchgänge nacheinander ausgeführt werden. Die Kinder nehmen anschließend wieder die Plätze ein, und der Unterricht geht weiter.

Hinweise
Die Jungen nannten diese und die nächste Übung nach einer Gewöhnungszeit „Klassenballett".

Vgl. außerdem die Hinweise bei **Übung 34**.

Übung zur rhythmischen Differenzierungsfähigkeit

36 Klassenballett II

■ Förderung Motorik

Wenn alle Kinder der Gruppe die beiden vorhergehenden Übungen ausführen können, folgt diese aus vier Teilen bestehende Übung.

Die Kinder stehen auf und schieben die Stühle an den Tisch. Alle stehen mit dem Gesicht zur Lehrkraft hinter dem Stuhl. Sie wippen gleichzeitig mit der Lehrkraft in den Knien.

Jetzt folgt Teil 1 der Übung: Die Lehrkraft gibt die weitere Bewegungsfolge vor und fordert die Kinder zum Mitmachen auf. Sie spricht und handelt gleichzeitig:

„Deine beiden Hände berühren mit den Fingerspitzen locker die linke Schulter. Deine Ellenbogen zeigen nach vorne.
In rhythmischen Bewegungen werden zu jeder Kniebeuge beide Arme schräg nach oben links bis in die Fingerspitzen gestreckt und beim Kniestrecken wieder zur Schulter gebeugt."

Die Bewegung wird entweder viermal oder achtmal wiederholt.

Dann folgt Teil 2: Die Lehrkraft spricht und handelt weiter:

„Deine beiden Hände berühren mit den Fingerspitzen locker die rechte Schulter. Deine Ellenbogen zeigen nach vorne.
In rhythmischen Bewegungen werden zu jeder Kniebeuge beide Arme schräg nach oben rechts bis in die Fingerspitzen gestreckt und beim Kniestrecken wieder zur Schulter gebeugt."

Die Bewegung wird entweder viermal oder achtmal wiederholt.

Teil 3:
> „Deine beiden Hände berühren mit den Fingerspitzen locker die
> **linke** Schulter. Deine Ellenbogen zeigen nach vorne.
> In rhythmischen Bewegungen werden zu jeder Kniebeuge jetzt
> beide Arme **schräg nach unten rechts** bis in die Fingerspitzen
> gestreckt und wieder zur Schulter gebeugt."

Die Bewegung wird entweder viermal oder achtmal wiederholt.

Teil 4:
> „Deine beiden Hände berühren mit den Fingerspitzen locker die
> **rechte** Schulter. Deine Ellenbogen zeigen nach vorne.
> In rhythmischen Bewegungen werden zu jeder Kniebeuge jetzt
> beide Arme **schräg nach unten links** bis in die Fingerspitzen
> gestreckt und wieder zur Schulter gebeugt."

Die Bewegung wird entweder viermal oder achtmal wiederholt.

Hinweise

Die Jungen nannten diese und die vorhergehende Übung nach einer Gewöhnungszeit „Klassenballett".

Vgl. außerdem die Hinweise bei **Übung 34**.

Übung zur rhythmischen Differenzierungsfähigkeit

37 Pop-Tanz

■ Förderung Motorik

Die **Übungen 34–36** können verknüpft und zu Popmusik ausgeführt werden. Die Förderung der rhythmischen Differenzierungsfähigkeit ist bei solch einem Tanz am stärksten ausgeprägt.

Zunächst wird zum Beginn eines beliebigen Popsongs rhythmisch zum Takt der Musik in den Knien gewippt **(siehe Übung 34)**. Danach wird die Bewegungsfolge von **Übung 35** ausgeführt. Anschließend wird der Körper mit einem beidbeinigen Hüpfer um 90 Grad gedreht. Jetzt folgt die Bewegungsfolge von **Übung 36**. Nach den ersten beiden Teilen wird der Körper mit einem beidbeinigen Hüpfer um 90 Grad gedreht. Auf die gleiche Weise wird der Körper nach dem dritten und vierten Teil um 90 Grad gedreht.

Variationen
Die Drehung des Körpers mit einem beidbeinigen Hüpfer um 90 Grad kann auch in einer anderen Kombination mit den Bewegungsfolgen ausgeführt werden.

Hinweise
Diese Übung eignet sich auch gut zur Aufführung bei Festen mit Eltern.

Vgl. außerdem die Hinweise bei **Übung 34**.

Übung zur rhythmischen Differenzierungsfähigkeit mit Überkreuzbewegung

38 Ri, ra, ru-tschi-ka

■ Förderung Motorik   ■ Förderung Sprache

Jeweils zwei Kinder stellen sich auf einen freien Platz.
Die Lehrkraft spricht:
> **„Zwei Kinder reichen sich die rechte Hand, die Begrüßungs-
> hand. Haltet die Hände weiter fest und stellt euch mit dem
> Gesicht zu mir Schulter an Schulter nebeneinander hin.
> Reicht euch jetzt auch die linke Hand."**

(Die Arme der nebeneinander stehenden Kinder kreuzen sich.)

Die Lehrkraft spricht weiter:
> **„Mit gekreuzten Armen hüpft ihr jetzt immer je zweimal ab-
> wechselnd auf dem rechten und linken Bein auf der Stelle."**

(Einige Kinder brauchen länger, bis sie die Bewegungsabfolge beherrschen.)

Zu den Hüpfbewegungen sprechen jetzt alle Kinder und die Lehrkraft in Silben:
> **„Ri, ra, ru-tschi-ka, wir fah-ren nach A-me-ri-ka, und wenn
> das gro-ße Was-ser kommt, dann kehr'n wir wie-der um!"**

Wenn das Wort **„um"** gesprochen wird, springen die Kinder zum Nachbarkind gerichtet um 180 Grad gedreht – dabei **lösen sich die Hände nicht,** sondern werden weiter überkreuz festgehalten. Der Spruch und die Bewegung beginnen von vorn.

Hinweise

Für diese Übung benötigen die Kinder Bewegungsfreiheit. Sie ist gedacht für eine längere Hüpfphase mit Richtungswechsel. Es zeigte sich, dass gerade die längere Hüpfbewegung den Kindern mit Förderbedarf schwer fiel. Für diese Kinder ist es leichter, nur auf der Stelle zu hüpfen. Deshalb wird empfohlen, diese Übung zunächst im Klassenraum auf einer Stelle von zwei Kindern ausführen zu lassen.

Es hat sich bewährt, die Bewegungsfolge mit zwei Kindern vor der Gruppe zu demonstrieren. Anschließend sollte die Reihenfolge der Bewegungen von der Lehrkraft genannt werden, während die Kinder sie langsam ausführen.

Das Spiel wurde früher im Kindergarten ausgeführt. Als ich es in der Grundschule einsetzte, fiel es vielen Kindern sehr schwer. Zur Ausführung ist die Überkreuzbewegung, die Körperspannung und ein rhythmisches Gefühl notwendig. Es fördert also die Kinder in mehreren Bereichen.

Bewegungsfolge zur Lockerung des Körpers

(39) Klein und groß

■ Förderung Motorik

Alle Kinder stehen auf. Sie schieben ihre Stühle an den Tisch und stellen sich hinter die Stühle oder neben den Tisch. Die Lehrkraft spricht und macht gleichzeitig die Bewegungsfolge vor. Die Kinder führen die Bewegungen gleichzeitig mit der Lehrkraft aus:

Die Lehrkraft spricht:	Bewegungen:
Alle Kinder werden ganz winzig klein!	Die Kinder kauern sich am Boden zusammen.
Alle Kinder werden riesig groß!	Alle Kinder stehen auf und recken sich so weit wie möglich zur Decke.
Die obigen Anweisungen werden zwei- bis dreimal wiederholt.	Die obigen Bewegungen werden entsprechend oft wiederholt.
Alle Kinder schleichen ganz leise auf die Stühle!	Die Kinder setzen sich wieder.

Hinweise

Die Bewegung regt die Stoffwechseltätigkeit und die Durchblutung im Gehirn an. Die Kinder können sich danach besser konzentrieren. Das ganz kleine Zusammenkauern in der Klasse bereitet den Kindern besonderes Vergnügen.

Übung zur Lockerung des Körpers
und zur Körperspannung

40 Das Gummimännchen-Spiel

■ Förderung Motorik

Die Lehrkraft fordert die Kinder auf, sich hinzustellen und die Stühle an den Tisch zu schieben. Das einzelne Kind benötigt zur Bewegung Platz um sich herum. Zur Einführung des Spiels sollte die Lehrkraft die Gummimännchenbewegung mit ausführen und auch bei „Stopp" mit in der Bewegung verharren.

Die Lehrkraft spricht:

> „Stellt euch so hin, dass ihr eure Nachbarn mit ausgestreckten Armen nicht berührt. Ihr habt jetzt keine Knochen mehr und seid ganz aus Gummi! Bewegt euch wie ein Gummimännchen!"

Die Lehrkraft macht die schlackernden Körperbewegungen vor. Alle Kinder schütteln den Körper, die Arme und die Hände und führen Bewegungen wie ein Gummimännchen aus.

Wenn die Lehrkraft dann „Stopp!" ruft, verharren die Kinder mit möglichst angespannter Muskulatur in der Bewegung, bis die Lehrkraft mit **„Weiter, Gummimännchen!"** wieder dazu aufruft, das Spiel fortzusetzen. Die Kinder schütteln Hände und Körper aus und wiederholen die Bewegungsabläufe. Drei bis vier Durchgänge pro Bewegungspause bieten sich an.

Ist das Spiel eingeführt, führt die Lehrkraft die Bewegungen nicht mehr mit aus. Sie beobachtet die Schüler und hilft den Kindern mit Förderbedarf, bei „Stopp" zu reagieren. Es folgt der Hinweis:

> **„Du hast dich nach dem Wort „Stopp" noch bewegt. Versuche sofort, still zu stehen!"**

Hinweise

Dieses Spiel wird von den Kindern aller Jahrgangsstufen immer wieder sehr gerne gespielt.

Die Kinder mit Förderbedarf im Bereich der Körperspannung stoppen die Bewegung nicht direkt nach der Aufforderung **„Stopp"**: Sie bewegen ihre Arme und Hände noch kurz danach. Wenn man sie darauf hinweist, sind sie erst erstaunt. Sie versuchen dann konzentriert, die Bewegung direkt bei Zuruf zu stoppen. Es gelingt ihnen nach längerer Übungszeit, wenn sie immer wieder darauf hingewiesen werden. Die Kinder werden dann im Unterricht insgesamt aufmerksamer und konzentrierter.

Übung zur Überkreuzbewegung
mit positiver Verstärkung

41 Schulterklopfer

Förderung Motorik

Die Kinder haben ruhig und konzentriert gearbeitet. Alle Anforderungen der Lehrkraft wurden erfüllt. Jetzt fordert die Lehrkraft die Kinder auf:

„**Stellt euch bitte hin.**"

Stehen alle Kinder, so spricht die Lehrkraft das folgende oder ein anderes Lob aus:

„**Heute habt ihr bisher sehr gut gearbeitet. Ihr seid sehr tüchtig!**"

Die Lehrkraft macht die unten beschriebene Bewegungsfolge vor und fordert auf:

„**Mach mit und lobe dich auch!**"

Die Kinder sprechen mit und ahmen die Bewegungsfolge nach.

Bewegungsfolge: Das Kind klopft mit der Handfläche der rechten Hand auf seine linke Schulter und mit der Handfläche der linken Hand auf seine rechte Schulter. Die Bewegung wird wiederholt.

Hinweise

Die beschriebene Art der positiven Verstärkung von gezeigtem Verhalten eignet sich besonders für ältere Kinder.

Kinder mit Förderbedarf benötigen Hilfe bei der Überkreuzbewegung, sie klopfen sonst die rechte Schulter mit der rechten Hand.

Bewegungsspiel mit Überkreuzbewegung

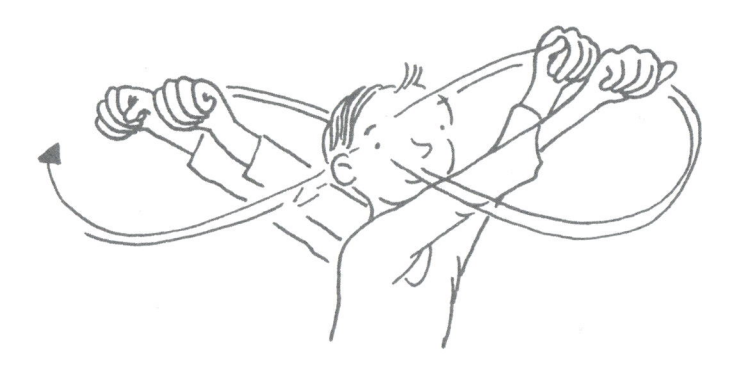

42 Autorennen

■ Förderung Motorik   ■ Förderung Sprache

Die Kinder schieben die Stühle an den Tisch. Sie stellen sich hinter ihre Stühle oder in den Kreis.

Die Lehrkraft demonstriert die von ihr beschriebene Bewegung (siehe unten). Dabei steht sie mit dem Rücken zu den Kindern und hebt beide Hände als Fäuste nebeneinander über ihren Kopf. Sie fordert die Kinder auf, die Bewegungen mitzumachen. Sie spricht und handelt gleichzeitig (vgl. auch Zeichnung):

„Jedes Kind hebt beide Hände als Fäuste nebeneinander nach oben rechts. Die Fäuste berühren sich. Im großen Bogen bewegen sich beide Hände hintereinander in Form einer liegenden Acht vor dem Körper."

Die Fäuste kreuzen dabei die Mittellinie.

„Die linke Hand, ist ein Rennfahrer, der von seinem Kollegen (der rechten Hand) eingeholt werden soll, aber nicht überholt werden kann. Deshalb müssen die Hände oben links gedreht werden."

Vor der Abwärtsbewegung dreht die Lehrkraft die Fäuste um 90 Grad, sodass die inneren Seiten nach oben zeigen und die linke Hand vor der rechten liegt.

Die Bewegungen werden nach Anweisung der Lehrkraft langsam ausgeführt.

Variationen

1. Die Bewegungen werden nach Anweisung der Lehrkraft langsamer oder schneller ausgeführt.
2. Die Bewegungen werden von unterschiedlichen „Motorengeräuschen" begleitet, die mit den Lippen gebildet werden.

Hinweise

Kinder mit Problemen bei der Körpermittellinien-Kreuzung müssen besonders beachtet werden. Sie benötigen eventuell Hilfe bei der Ausführung der Bewegung.

Übung zum bewussten Bewegen

43 Achtung, Aufnahme!

■ Förderung Motorik

Die Kinder sitzen auf ihren Plätzen. Die Lehrkraft demonstriert mit zwei Kindern den Ablauf der Übung: Von zwei Partnerkindern bewegt sich eines in normalem Tempo durch den Klassenraum. Das zweite Kind verfolgt stehend von seinem Platz aus die Bewegungen des Kindes durch die zur Röhre geformte rechte/linke Hand, die es vor ein Auge hält. Das andere Auge ist geschlossen. (Es kann auch mit der nicht zur Röhre geformten Hand zugehalten werden.)

Die Lehrkraft spricht:

„Du beobachtest durch die Videokamera, wie sich dein/e Partner/in bewegt. Rufst du „**Stopp!**", so muss dein/e Partner/in sofort auf der Stelle stehen bleiben."

Die Stühle werden an den Tisch geschoben. Jeweils zwei Partnerkinder handeln so, wie es oben beschrieben wurde. Nach zweimaligem Durchgang wechseln die Partner auf Ansage der Lehrkraft die Rollen.

Hinweise
Es ist darauf zu achten, dass Kinder mit einer Schwäche der Körperspannung sofort stoppen und starr stehen bleiben. Für eine Klasse mit vielen verhaltensauffälligen Kindern eignet sich diese Übung nicht gut.

Übung zur Mund- und Zungenbeweglichkeit

44 Wichtel-Akrobatik

■ Förderung Motorik   ■ Förderung Sprache

Die Kinder schieben die Stühle zurück und stehen auf. Die Lehrkraft erzählt die Geschichte eines Wichtels, der in und vor einer Höhle lebt. Die Bewegungen des Wichtels werden nach jedem Sprechen von der Lehrkraft und den Kindern mit der Zungenspitze ausgeführt. Die Geschichte kann nach eigenem Gutdünken erzählt und ausgeschmückt werden. Es sollte dabei auf die Befindlichkeit der Kinder Rücksicht genommen werden. Da Mund und Zunge sehr sensible Bereiche sind, sollten die Bewegungen von jeder Lehrkraft selbst ausgewählt werden. Die Bewegungen sollten ihr und den Kindern angenehm sein.

Beispiel:

Die Lehrkraft spricht: und handelt:

Die Lehrkraft spricht:	und handelt:
Ein kleiner Wichtel lebte in einer Höhle.	Die Zungenspitze bewegt sich kurz vorne zum Mund heraus.
Manchmal schaute er rechts und links aus dem Höhleneingang heraus.	Die Zungenspitze spitzt kurz rechts und links aus dem Mundwinkel heraus.
Er legte sich gerne in die Sonne, wenn sie schien	Die Zungenspitze schaut mitten aus dem Mund.
Fortsetzung beliebig!	Fortsetzung beliebig!

Die Höhle kann geputzt werden, oder der Zwerg ruht sich vor der Höhle aus. Wichtig sind Zungenbewegungen in der ganzen Mundhöhle und im Bereich der Lippen mit Lippenspannung. Alle Kinder ahmen die Lippen- und Zungenbewegungen nach.

Hinweise
Die Übung ist besonders wichtig für Kinder mit schwach ausgeprägter Mundmotorik, die Probleme mit der Kontrolle des Speichelflusses haben.

Berührungsspiel mit positiver Verstärkung

45 Liebes Kind!

Förderung Motorik

Die Kinder haben ruhig und konzentriert gearbeitet. Alle Anforderungen der Lehrkraft wurden erfüllt. Jetzt fordert die Lehrkraft die Kinder auf:

„Stellt euch bitte hin."

Stehen alle Kinder, so spricht die Lehrkraft das folgende oder ein anderes Lob aus:

„Heute habt ihr bisher sehr gut gearbeitet. Ihr seid sehr lieb!"

Die Lehrkraft macht die unten beschriebene Streichelbewegung vor und fordert auf:

„Mach mit und lobe dich auch: liebes Kind, liebes Kind, …!"

Die Kinder sprechen mit und ahmen die Lehrkraft nach.

Streichelbewegung: Das Kind streicht mit der Handfläche der rechten Hand sacht über die eigene linke Wange und mit der Handfläche der linken Hand sacht über die eigene rechte Wange. Dazu spricht es: **„Liebes Kind, liebes Kind, …!"** Die Bewegung wird wiederholt.

Hinweise

Die Kinder der 1. und 2. Klasse reagieren sehr positiv auf diese Art des Lobes. Zunächst sind sie überrascht. Sie streicheln sacht die eigenen Wangen und beginnen zu lächeln. Es wird ganz ruhig in der Klasse.

Kinder mit Förderbedarf benötigen Hilfe bei der Überkreuzbewegung, sie streicheln sonst die rechte Wange mit der rechten Hand.

Berührungsspiel

46 Neugieriges Mäuschen

■ Förderung Motorik   ■ Förderung Sprache

Die Kinder sitzen auf ihren Plätzen. Die Lehrkraft demonstriert mit zwei Kindern den Ablauf der Übung: Zwei Kinder stehen einander gegenüber. Alle Kinder können sie gut sehen. Ein Kind hält die geöffnete rechte Handfläche des Partners in seiner linken Hand. Folgende Wörter werden stehend von der Lehrkraft und dem Kind gesprochen:

Text	Handlung
Es kommt ein Mäuschen, krabbelt ins Häuschen,	Das Kind führt die Finger der rechten Hand krabbelnd über die Hand des Partners/der Partnerin und, falls möglich, auch über den Arm bis zur Armbeuge.
klopft an,	Das Kind klopft mit dem gekrümmten Zeigefinger leicht in die Armbeuge des Partners.
bim, bam:	Die linke Hand bewegt die geöffnete Hand mit dem Arm leicht hin und her.
Guten Tag, Madam!	Das Kind lässt die geöffnete Handfläche los, und die Kinder reichen sich überkreuz die rechten Hände und schütteln sie kurz.

Alle Kinder stehen auf und führen das Spiel wie beschrieben aus. Danach wechseln die Partner die Rollen, und das Spiel beginnt von vorn.

Hinweise
Die Lehrkraft und die Kinder wiederholen den Text, bis er auswendig gesprochen werden kann.

Berührungsspiel

47 Was wird da geschrieben?

■ Förderung Motorik

Die Übung erfolgt in Partnerarbeit. Die Lehrkraft demonstriert sie mit zwei Kindern, die gut von allen anderen gesehen werden können. Danach wir die Übung von jeweils zwei Kindern gemeinsam ausgeführt.

Ein Kind sitzt umgedreht auf dem Stuhl, die Arme liegen auf der Rückenlehne. Das Partnerkind schreibt einen schon bekannten Buchstaben oder eine Zahl auf den Rücken des sitzenden Kindes. Dieses nennt den Buchstaben oder die Zahl. Die Kinder wechseln die Rollen nach jedem dritten Buchstaben oder jeder dritten Zahl.

Hinweise

Die Übung ist vielen Lehrkräften geläufig. Die Kinder fördern sich mit diesem Spiel gegenseitig in der Wahrnehmung über die Haut. Gleichzeitig können die eingeführten Buchstaben und Zahlen auf diese Art geübt werden. Kinder mit Förderbedarf in der Wahrnehmung über die Haut können sich leichter darauf einlassen – es werden ja nur „Unterrichtsinhalte" geübt.

Berührungsspiel

48 Plätzchen backen

■ Förderung Motorik   ■ Förderung Sprache

Die Übung erfolgt in Partnerarbeit. Die Lehrkraft demonstriert sie mit zwei Kindern, die gut von allen anderen gesehen werden können. Danach wird die Übung von jeweils zwei Kindern gemeinsam ausgeführt.

Ein Kind sitzt umgedreht auf dem Stuhl, die Arme liegen auf der Rückenlehne. Das Partnerkind „backt" auf dem Rücken des sitzenden Kindes „Plätzchen": Die Lehrkraft spricht die Tätigkeit im Satz vor, die Kinder sprechen den Satz nach und handeln, z. B.

> **„Ich knete den Teig."**

oder

> **„Ich rolle den Teig aus bis in die Ecken."**

usw.

Die Kinder kneten mit den Handballen auf dem Rücken den Teig, und mit den Hände rollen sie ihn auf dem Rücken aus. Nun streuen sie mit den Fingerspitzen mit kleinen Berührungen bunte Streusel auf die „Plätzchen". Weitere „Backvorgänge" werden von der Lehrkraft genannt und von den Bewegungen der Kinder begleitet. Danach werden die Rollen gewechselt.

Variationen
Die Kinder nennen selbst ihre Tätigkeit in Sätzen und handeln entsprechend.

Hinweise
Die Übung ist wie das vorhergehende Berührungsspiel vielen Lehrkräften geläufig. Die Kinder fördern sich mit diesem Spiel gegenseitig in der Wahrnehmung über die Haut. Gleichzeitig wird die Konzentrationsfähigkeit und das Sprachgedächtnis geübt, da die Reihenfolge der Handlungen aufeinander aufbaut. Das deutliche und grammatikalisch richtige Sprechen in Sätzen wird geübt. Hilft und korrigiert die Lehrkraft Kinder mit Förderbedarf in diesen Bereichen, so findet eine individuelle Förderung für diese Kinder statt. Alle Kinder der Gruppe haben Vergnügen an dem Spiel.

Es ist darauf zu achten, dass die Tätigkeiten korrekt benannt und die Artikel richtig verwendet werden. Das gilt besonders für Kinder, deren Muttersprache nicht Deutsch ist.

Fingerspiel

49) Mein schiefes Häuschen

Förderung Motorik

Förderung Sprache

Alle Kinder stehen von ihren Stühlen auf, schieben sie an den Tisch und stellen sich dahinter. Die Lehrkraft und die Kinder sprechen und handeln gemeinsam:

Text	Bewegungen
Mein Häuschen ist nicht ganz gerade! **Ist das aber schade!**	Die Fingerspitzen und der Daumen der rechten und linken Hand bilden ein Dach. Dann neigen sich die Fingerspitzen nach rechts oder links.
Mein Häuschen ist ein bisschen krumm! **Ist das aber dumm!**	Während die Worte gesprochen werden, bewegen sich die Fingerspitzen unter Druck gemeinsam nach rechts und links.
Hui, bläst der böse Wind hinein, **bautz, fällt mein ganzes Häuschen ein!**	Beide Hände werden zusammen nach rechts und links über die Körpermitte hinaus bewegt und dann in der Körpermitte nach unten auseinander bewegt.

Hinweise

Dieses und das folgende Fingerspiel sprechen die Kinder der 1. Klasse durch die Kombination von Reim und Bewegung emotional besonders an. Dadurch wird das Sprachgedächtnis leicht und schnell gefördert. Die Bewegungen unterstützen die Merkfähigkeit und fördern die Motorik auf verschiedene Weise.

Mit diesem Spiel wird außerdem die melodische Differenzierungsfähigkeit gefördert.

Fingerspiel

50 Gewitterregen

Förderung Motorik

Förderung Sprache

Alle Kinder sitzen am Tisch, die Hände liegen auf dem Tisch. Die Lehrkraft und die Kinder sprechen und handeln gemeinsam:

Text	Bewegungen
Es tropft!	Die Kinder tippen mit den einzelnen Fingerspitzen beider Hände auf die Tischplatte.
Es regnet!	Die Kinder trommeln abwechselnd mit den Fingerspitzen beider Hände auf die Tischplatte.
Es blitzt!	Die Kinder legen beide Hände zusammen und fahren im Zickzack von oben rechts über die Körpermitte hinweg nach unten links.
Es gießt!	Die Kinder bewegen beide Hände wie einen Vorhang von oben nach unten.
Es donnert!	Die Kinder trommeln mit beiden Händen heftig auf die Tischplatte.
Das Kind wartet und wartet!	Die Kinder legen die Hände auf den Rücken. **Pause!**
Da scheint wieder die Sonne!	Die Kinder drehen sich zum Fenster und zeigen mit dem rechten Zeigefinger darauf.

Hinweise
Die Übung ist gleichzeitig eine Förderung der Handmotorik.
Vgl. außerdem die Hinweise bei **Übung 49**.

Einheitsabschluss / Stundenabschluss

Die Förderung zum Ende der Unterrichtsstunde oder zum Abschluss eines Unterrichtsbereichs sollte so sein, dass die Bewegungen, die Sprache oder das Lied von den Kindern mit in die Pause getragen werden kann. Die begonnene Förderung im Klassenraum kann eine Anregung zum Spiel oder zu Bewegungen sein, die die Kinder in der Pause spielerisch fortsetzen. Das gilt besonders für Lieder, mit denen die rhythmische Differenzierungsfähigkeit, die Sprache und die Motorik gefördert werden, aber auch für Abzählreime oder Klatschspiele.

Befinden sich Hüpfkästchenfelder auf dem Schulhof, kann die Hüpfbewegung dort fortgesetzt werden. Viele Kinder kennen keine Hüpfkästchenspiele aus dem Freizeitbereich. Im Rahmen des Sportunterrichts oder einer Spielstunde können diese Spiele zusätzlich geübt werden. Sie bedeuten eine starke Förderung im Bereich der Körperspannung und des Gleichgewichts.

Folgt keine Hofpause nach der Unterrichtsstunde, können die Übungen bis auf den Gang ausgeführt werden, und die Kinder kehren anschließend in den Klassenraum zurück.

Bewegungsübung mit Körperspannung

51 Hüpfen

■ Förderung Motorik

Am Ende der Unterrichtsstunde räumen die Kinder ihr Arbeitsmaterial auf. Die Kinder, die gemeinsam an ihrem Tisch fertig sind, stehen auf, gehen nach hinten in den Klassenraum und warten, bis alle Kinder versammelt sind.

Die Lehrkraft spricht:

„Jeder hüpft auf einem Bein durch die Klassentür auf den Gang."

Die Kinder stellen sich auf ein Bein ihrer Wahl und hüpfen auf diesem Bein aus der Klasse auf den Gang hinaus.

Variationen
Die Lehrkraft gibt vor, ob auf dem rechten oder linken Bein gehüpft wird.

Hinweise

Ein Kind kann nur dann längere Zeit sicher mit ausgeglichenen Bewegungen hüpfen, wenn es Körperspannung besitzt. Mit dieser Übung können Kinder mit wenig Körperspannung täglich gefördert werden. Die Übung wurde gerne von allen Kindern der Klasse zum Ende der Stunde ausgeführt.

Kinder mit Problemen in der Körperspannung müssen zunächst angeleitet und begleitet werden. Es sollte darauf geachtet werden, dass die Anzahl der Hüpfer zunimmt. Das Kind zählt z. B. die geschafften Hüpfer mit und wird bei einer Steigerung gelobt.

Reaktionsspiel

52 Roboterspiel

Geradeaus!

■ Förderung Motorik

Am Ende der Unterrichtsstunde räumen die Kinder ihr Arbeitsmaterial auf. Die Lehrkraft stellt zwei Kinder so hintereinander, dass diese von allen gesehen werden können. Sie demonstriert mit ihnen den Handlungsablauf der Übung. Die Kinder handeln anschließend so, wie es gezeigt wurde.

Handlungsablauf: Zwei Kinder, die gemeinsam an ihrem Tisch fertig sind, stehen jeweils auf und stellen sich hintereinander. Das Kind, das hinten steht, steuert das Partnerkind – den „Roboter" – mit den folgenden Befehlen aus der Klasse bis auf den Gang oder den Schulhof hinaus:

„Geradeaus, stopp, rechts, stopp, links, stopp, zurück, stopp, …!"

Der Roboter darf auf seinem Weg keine Person und keinen Gegenstand berühren.

Die Kinder wechseln die Rollen am Ende der nächsten Stunde oder am nächsten Tag. Sie merken sich, wer der Roboter war.

Hinweise
Mit dieser Übung wird außer der Körperspannung noch das genaue Hören und das sofortige Reagieren geübt. Die Kinder können die Übung spielerisch auf dem Pausenhof fortsetzen.

Reaktionsspiel mit Körperspannung

53) Zu Stein erstarrt

Halt! Du bist aus Stein!

■ Förderung Motorik

Am Ende der Unterrichtsstunde räumen die Kinder ihr Arbeitsmaterial auf. Die Lehrkraft stellt zwei Kinder so hintereinander, dass diese von allen gesehen werden können. Sie demonstriert mit ihnen den Handlungsablauf der Übung. Die Kinder handeln anschließend danach.

Handlungsablauf: Zwei Kinder gehen hintereinander her. Wenn das hintere Kind ruft

„Halt! Du bist aus Stein!",

erstarrt das vordere Kind sofort in der Bewegung. Das hintere Kind prüft, ob das vordere Kind ganz starr und fest in der Bewegung verharrt. Das Kind prüft jetzt z. B. die Bewegung des Arms im Ellenbogen. Ist das vordere Kind ganz starr, kann der geprüfte Körperteil nicht bewegt werden.

Jetzt tauschen die Kinder die Rollen, und das Spiel beginnt von vorne. Nacheinander verlassen so alle die Klasse.

Hinweise

Diese Übung ist eine Steigerung der Förderung im Bereich der Körperspannung. Sie sollte deshalb nach der vorhergehenden Übung ausgeführt werden. Sie ist auch eine Steigerung des Gummimännchen-Spiels **(Übung 40)**.

Es ist darauf zu achten, dass die Kinder sofort auf **„Halt"** reagieren. Die Muskelspannung sollte möglichst bis in die Fingerspitzen erfolgen. Für die Überprüfung benötigen die Kinder zunächst Hilfen durch die Lehrkraft.

Überkreuzbewegung mit erhöhtem Schwierigkeitsgrad

54 Kreuzgang I

■ Förderung Motorik

Die Lehrkraft übt den Bewegungsablauf gemeinsam mit jeweils maximal fünf Kindern. Die anderen Kinder können in der Einführungsphase die Klasse am Ende der Stunde verlassen und auf den Pausenhof gehen.

Bewegungsablauf: Die Kinder stellen sich nebeneinander auf und bewegen sich nacheinander seitwärts aus dem Raum. Die Lehrkraft führt die Bewegungsabläufe gemeinsam mit den Kindern langsam aus und spricht gleichzeitig die Bewegungen dazu vor:

> „**Der rechte Fuß kreuzt vorne den linken Fuß und wird dort abgestellt. Der linke Fuß stellt sich neben den rechten Fuß. Der rechte Fuß kreuzt vorne den linken Fuß und wird dort abgestellt. Der linke Fuß stellt sich neben den rechten Fuß. …**"

Die Bewegungen werden wiederholt, bis die Kinder auf dem Gang sind.

Hinweise

Diese und die nächste Übungen bauen aufeinander auf. Die Erfahrung zeigte, dass Kinder mit Förderbedarf im Bereich der Körperspannung und Überkreuzbewegung die Handlungsabläufe der beiden Übungen erst ausführen konnten, wenn sie die Überkreuzbewegungen mit den Händen und Armen beherrschten (siehe z. B. **Übungen 7, 8, 10, 13, 36 oder 42**).

Es hat sich bewährt, die Kinder, die keine Probleme mit der Bewegungsfolge dieser Übungen haben, und die Kinder mit Förderbedarf die Bewegungsfolge gemeinsam in einer Gruppe ausführen zu lassen.

Kinder mit Förderbedarf in der Überkreuzbewegung benötigen mehr Zeit und die Hilfe der Lehrkraft, bis sie diese Bewegung selbstverständlich ausführen können.

Überkreuzbewegung mit erhöhtem Schwierigkeitsgrad

55 Kreuzgang II

■ Förderung Motorik

Die Lehrkraft übt den Bewegungsablauf gemeinsam mit jeweils maximal fünf Kindern. Die anderen Kinder können in der Einführungsphase die Klasse am Ende der Stunde verlassen und auf den Pausenhof gehen.

Bewegungsablauf: Die Kinder stellen sich nebeneinander auf und bewegen sich nacheinander seitwärts aus dem Raum. Die Lehrkraft führt die Bewegungsabläufe gemeinsam mit den Kindern langsam aus und spricht gleichzeitig die Bewegungen dazu vor:

„**Der rechte Fuß kreuzt vorne den linken Fuß. Der linke Fuß stellt sich neben den rechten Fuß. Der rechte Fuß kreuzt hinten den linken Fuß. Der linke Fuß stellt sich neben den rechten Fuß. Der rechte Fuß kreuzt vorne den linken Fuß. …"**

Die Bewegungen werden wiederholt, bis die Kinder auf dem Gang sind.

Hinweise

Diese Übung muss nach **Übung 54** ausgeführt werden. Sie stellt eine starke Förderung im Bereich der Überkreuzbewegung dar.

Vgl. außerdem die Hinweise bei **Übung 54**.

Gleichgewichtsübung

56) Schwebebalken

■ Förderung Motorik

Am Ende der Unterrichtsstunde räumen die Kinder ihr Arbeitsmaterial auf. Die Kinder, die zuerst fertig sind, stehen auf. Nacheinander verlassen sie die Klasse auf die unten beschriebene Weise.

Die Lehrkraft markiert mit Klebeband eine Linie auf dem Fußboden oder kennzeichnet eine Linie im Bodenbelag (z. B. eine Fuge der Fliesen). Die Kinder gehen auf dieser Linie und verlassen dann den Raum. Sie treten nicht neben die Linie und versuchen sie zügig zu bewältigen. Die Lehrkraft hält sie dazu an, genau auf der Linie zu gehen.

Bewegungs- und Sprachspiel

57 Der Riese Timpetu

Förderung Motorik Förderung Sprache

Am Ende der Unterrichtsstunde räumen die Kinder ihr Arbeitsmaterial auf. Sie stehen auf und schieben die Stühle zurück. Gemeinsam mit der Lehrkraft sprechen und spielen sie so:

Verse	Bewegungen
Pssssst! Seid mal leise und hört gut zu!	Den Zeigefinger an die Lippen legen.
War einst der Riese Timpetu.	Beide Arme ganz hoch halten.
Der hat in der Nacht 'ne Maus verschluckt,	Mit zwei Fingern die „Mausgröße" zeigen.
die sitzt im Bauch	Mit beiden Zeigefingern auf den Bauch zeigen.
und kneift und ‚druckt'.	Kneifbewegungen machen.
Er geht zum Doktor Isegrimm. „Ach, Herr Doktor, mir geht es gar so schlimm.	Mit sorgenvollem Gesicht beide Handflächen an die Wangen legen.
Ich hab in der Nacht 'ne Maus verschluckt,	Mit zwei Fingern die „Mausgröße" zeigen.
die sitzt im Bauch	Mit beiden Zeigefingern auf den Bauch zeigen.
und kneift und ‚druckt'. "	Kneifbewegungen machen.
Der Doktor war ein schlauer Mann,	Mit dem Kopf nicken.
man sah's ihm an der Brille an.	Mit den Daumen und Zeigefingern die Brillengläser formen.
„Waaas? Du hast in der Nacht 'ne Maus verschluckt,	Die Hände an die Hüften halten. Mit zwei Fingern die „Mausgröße" zeigen.
die sitzt im Bauch	Mit beiden Zeigefingern auf den Bauch zeigen.
und kneift und ‚druckt'?	Kneifbewegungen machen.
Verschluck 'ne Mietzekatz' dazu,	Mit einer Hand abwinken.
dann lässt dich auch die Maus in Ruh'."	Mit zwei Fingern die „Mausgröße" zeigen.[20]

[20] Aus: Andrea Streubier, Fingerspiele für viele …, St. Peter-Ording, 2001, S. 37

Hinweise
Diese Übung bietet die Möglichkeit, die Sprache und die Konzentration zu fördern. Die Merkfähigkeit und die Phantasie wird angeregt. In der Hofpause kann der Riese weitere Abenteuer erleben.

Übung zur Sprachförderung

58 Fischers Fritz

Förderung Sprache

Am Ende der Unterrichtsstunde räumen die Kinder ihr Arbeitsmaterial auf. Sie sitzen auf ihren Plätzen.

Die Lehrkraft wählt Zungenbrechersätze aus und spricht die Sätze zunächst langsam und deutlich vor. Dann sprechen die Kinder und die Lehrkraft die Zungenbrechersätze langsam und deutlich gemeinsam.

Es sollte mit bekannten Zungenbrechern begonnen werden wie:

Fischers Fritz fischt frische Fische. Frische Fische fischt Fischers Fritz.[21]

Die Katze tritt die Treppe krumm, krumm tritt die Katze die Treppe.

Dann können schwierigere Sätze folgen wie:

Das schwere Schwein schwabbelt mit seiner schwabbeligen Schweineschwester über die schwarze Schwelle.

Mit Brille brachte Barbara den breiten Brief zu Bruno, dem Brummbären, der brauste das Brett unter der Brause ab.

Die Kreuzspinne krabbelt kreuz und quer zur Kriminalpolizei.

[21] Viele Zungenbrecher sind Überlieferungen. Sie finden sich in alten Büchern abgedruckt, dieser hier stammt aus: Monika Koster/Jürgen Naumann (Hrsg.), Kinderland. Die schönsten deutschen Reime und Kinderlieder, Köln, Lingen, 1981, S. 108. Zungenbrecher findet man auch im Internet, eine Sammlung findet sich z. B. hier: www.nebelbank.de/zungenbrecher.html

Variationen
Werden die Sätze von den Kindern alleine korrekt gesprochen, sollte versucht werden, die Sätze immer schneller zu sprechen. Als höchste Steigerung kann das schnelle, richtige Sprechen mit der Stoppuhr gestoppt werden.

Hinweise
Zungenbrecher stellen eine sehr intensive Übung für Kinder mit einer Artikulations- und Merkschwäche dar. Außerdem üben die Kinder das Sprechen eines Satzes mit der richtigen Grammatik. Das schnelle Sprechen der Sätze ist für alle Kinder eine Herausforderung.

Kinder mit einer undeutlichen Aussprache oder Fehlern in der Grammatik benötigen sehr lange, bis sie die einfacheren Sätze richtig sprechen können. Sie versuchen es, wenn sie ermutigt werden, immer wieder auch über einen langen Zeitraum. Sie sollten erst dann andere Sätze üben, wenn sie den ersten Satz beherrschen.

Übung zur Sprachförderung

59 In der Zungenbrecherei

■ Förderung Sprache

Wird die vorhergehende Übung beherrscht, kann eine Steigerung erfolgen: Die Kinder erfinden jetzt selber Zungenbrecher und üben gleichzeitig die Wortarten.

Eine Gruppe von Kindern, die ihre Arbeit beendet hat, wählt eine Konsonantenfolge wie br, dr, bl, pfl, st usw. aus, oder die Lehrkraft gibt eine Konsonantenfolge vor, die in der deutschen Sprache häufig am Wortanfang vorkommt. Die Kinder suchen dann Nomen, Verben und Adjektive, die mit diesen Buchstaben beginnen, und notieren sie. Mit den gefundenen Wörtern schreiben sie schließlich gemeinsam einen Zungenbrechersatz auf. Beispiele:

Blaue Blumen blühen am Blusenkragen.

oder

Schlaue Schlangen schlingen schlanke Schleifen um Schlingpflanzen.

Diese eigenen Zungenbrechersätze lernen die Kinder der Gruppe auswendig und sprechen sie den anderen Kindern und der Lehrkraft vor.

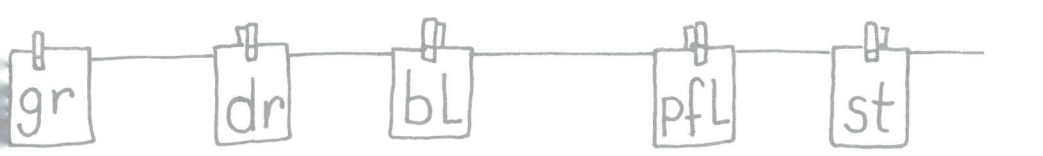

Variationen
1. Die Sätze werden zwischen den Gruppen getauscht und geübt. Sie sprechen sich die getauschten Sätze gegenseitig auswendig vor.
2. Leistungsstarke Schüler können längere oder mehrteilige Sätze finden und schneller sprechen oder sich die Sätze gegenseitig diktieren.

Hinweise
Bei der praktischen Erprobung der Förderübung waren Unsinnssätze sehr beliebt. Die Kinder kamen außerdem auf die Idee, die Zungenbrecher seien „Türzaubersprüche", die die Klassentür für den Unterricht oder die Pause öffneten, wenn sie korrekt gesprochen würden.

Übung zur Sprachförderung
und zur rhythmischen Differenzierungsfähigkeit

60 Bewegte Zungenbrecher

Fischers Fritz fischt frisch

- Förderung Motorik
- Förderung Sprache

Am Ende der Unterrichtsstunde räumen die Kinder ihr Arbeitsmaterial auf. Die Lehrkraft und die Kinder sprechen gemeinsam Zungenbrecher, die die Kinder beherrschen, beispielsweise „**Fischers Fritz fischt frische Fische, ...**" Die Lehrkraft und die Kinder sprechen gemeinsam den Satz in Silben und führen dazu Handbewegungen aus:

Text	Bewegungen
Fi-schers Fritz	Dreimal klatschen.
fischt fri-sche Fi-sche,	Abwechselnd kreuzweise und parallel auf die Knie patschen.
usw.	usw.

Das Sprechen und die Bewegungen sollten zunächst langsam und deutlich erfolgen. Werden die Sätze und die Bewegungen korrekt beherrscht, sollte versucht werden, die Geschwindigkeit zu steigern.

Variationen
1. Es werden Zungenbrecher, die die Kinder selbst hergestellt haben (siehe vorhergehende Übung), mit Bewegungen gesprochen.
2. Die Kinder denken sich Bewegungen zu ihren Zungenbrechern aus. Die Bewegungen und die Zungenbrecher üben sie in der Partnergruppe.

Auszählreim

61 Aus die Maus!

■ Förderung Motorik   ■ Förderung Sprache

Die Reime müssen zunächst von der Lehrkraft und den Kindern gemeinsam gesprochen werden. Können die Kinder sie auswendig, können sie diese wie unten beschrieben anwenden. Beherrschen sie die Anwendung, können sie die Reime im Spiel oder in der Klasse nutzen.

Am Ende der Unterrichtsstunde räumen die Kinder ihr Arbeitsmaterial auf. Die Kinder, die gemeinsam an ihrem Tisch fertig sind, stehen auf. Gemeinsam sprechen und klatschen sie den Auszählreim in Silben, und ein Kind zeigt **bei jeder Silbe** auf ein Kind der Gruppe. Das zuletzt bezeichnete Kind verlässt den Klassenraum, und der Reim beginnt erneut, bis alle Kinder der Gruppe den Raum verlassen haben.

Beispiele für Auszählreime:

> **Ei-ne klei-ne Maus,**
> **saus-te mal ins Haus,**
> **saus-te wie-der raus,**
> **und du bist aus!**

oder

> **Ei-ne klei-ne Mi-ckey-Maus**
> **woll-te in die Welt hi-naus,**
> **lief dann wie-der heim,**
> **und du sollst's sein!**

Hinweise

Auszählreime fördern das Sprachgedächtnis und die rhythmische Differenzierungsfähigkeit. Sie sind ein Instrument, um ohne Streit eine Person zu bestimmen, die eine Handlung ausführt.

Es ist bei allen Kindern auf die deutliche Aussprache der Silben und Wörter zu achten, insbesondere bei Kindern mit nicht deutscher Muttersprache und bei Kindern mit Förderbedarf in der Artikulation.

Auszählreim

62 Meeresreise

■ Förderung Motorik ■ Förderung Sprache

Wie in in der vorhergehenden Übung beschrieben, wird der Reim zunächst von der Lehrkraft und den Kindern gemeinsam gesprochen. Können ihn die Kinder auswendig, können sie ihn wie unten beschrieben anwenden und im Spiel oder in der Gruppe nutzen.

Am Ende der Unterrichtsstunde räumen die Kinder ihr Arbeitsmaterial auf. Die Kinder, die gemeinsam an ihrem Tisch fertig sind, stehen auf. Gemeinsam sprechen und klatschen sie den Auszählreim in Silben, und ein Kind zeigt **bei jeder Silbe** auf ein Kind der Gruppe. Das zuletzt bezeichnete Kind verlässt den Klassenraum, und der Reim beginnt erneut, bis alle Kinder der Gruppe den Raum verlassen haben.

Auszählreim:

> **Ach du Schreck,**
> **jetzt gehst du weg!**
> **Wenn ich kann, dann folg ich dir,**
> **auch ü-bers Meer, das glau-be mir.**
> **Bin ich dann end-lich da**
> **so ru-fe ich: Hur-ra!**

Hinweise

Erst wenn die einfachen Abzählreime wie in **Übung 61** beherrscht werden, können längere und schwierigere dazukommen, sonst fehlt den Kindern erfahrungsgemäß die Geduld dafür. Kinder mit Förderbedarf erfahren durch den längeren Reim mit längeren Verszeilen und unterschiedlichen Silben eine verstärkte Förderung in der Merkfähigkeit (Sprachgedächtnis), in der deutlichen Aussprache (Artikulation) und im rhythmischen Sprechen.

Es ist wichtig, darauf zu achten, dass beim Sprechen **jeder** Silbe auf ein Kind der Gruppe gezeigt wird. So gewöhnen sich die Kinder an den Silbenrhythmus der Wörter.

Vgl. außerdem die Hinweise bei **Übung 61**.

Klatschspiel

63) Max und Moritz

■ Förderung Motorik

■ Förderung Sprache

Am Ende der Unterrichtsstunde räumen die Kinder ihr Arbeitsmaterial auf. Je zwei Kinder stehen sich gegenüber. Die Lehrkraft spricht und handelt gemeinsam mit den Kindern:

Text	Bewegungen
Max und Mo-ritz steh'n vorm La-den, woll'n für'n Gro-schen Knack-wurst ha-ben. Für'n Gro-schen Knack-wurst gibt es nicht. Max und Mo-ritz prü-geln sich.	Die Kinder sprechen in Silben und klatschen abwechselnd in die Hände und mit der rechten Hand auf die rechte Hand des gegenüber stehenden Kindes und mit der linken auf dessen linke Hand.
Da kommt der Po-li-zist und steckt sie in die Kist'.	Die Kinder sprechen in Silben und patschen abwechselnd einmal mit beiden Händen parallel und einmal mit gekreuzten Händen auf die eigenen Oberschenkel.
Max und Mo-ritz gar nicht dumm, hau'n die Kis-te ein-fach um.	Die Kinder sprechen in Silben und patschen mit beiden Händen parallel auf die eigenen Oberschenkel und bei den **grün** gekennzeichneten Silben auf die erhobenen Hände des Partners.

Hinweise

Klatschspiele, wie sie hier oder bei den nächsten beiden Übungen vorgestellten werden, fördern die Kinder in mehreren Bereichen: Das Sprachgedächtnis wird trainiert – die Bewegungen ermöglichen es, dass der Text leicht behalten wird. Gleichzeitig fördern die Bewegungen verschiedene motorische Bereiche, und das gemeinsame Handeln fördert die sozialen Kontakte unter den Kindern. Das Vergnügen des gemeinsamen Handelns regt die Emotionen an und steigert die Merkfähigkeit.

Da Klatschspiele nur selten von Jungen gespielt werden, sollten sie im Unterricht geübt werden.

Klatschspiel

64 Bei Müllers …

■ Förderung Motorik   ■ Förderung Sprache

Am Ende der Unterrichtsstunde räumen die Kinder ihr Arbeitsmaterial auf. Je zwei Kinder stehen sich gegenüber. Die Lehrkraft spricht und handelt gemeinsam mit den Kindern:

Text	Bewegungen
Bei **Mül-lers hat's ge-** **brannt, brannt, brannt,**	Die Kinder sprechen in Silben. Auf die erste Silbe klatschen sie einmal mit parallelen Händen auf die Oberschenkel. Dann klatschen sie auf die nächsten vier Silben zweimal nacheinander kreuzweise mit der rechten Hand auf die erhobene rechte Hand des Partners und mit der linken Hand auf die erhobene linke Hand des Partners. Anschließend klatschen die Kinder auf die dreimal wiederholte Silbe dreimal mit ihren Händen auf die erhobenen Hände des Partners.
da bin ich hin-ge-rannt, rannt, rannt.	Die Bewegungen werden analog wiederholt.
Da kam ein Po-li-zist, zist, zist	Die Bewegungen werden analog wiederholt.
und schrieb mich auf die List, List, List.	Die Bewegungen werden analog wiederholt.
Die List, die fiel in'n Dreck, Dreck, Dreck,	Die Bewegungen werden analog wiederholt.
da rann-te ich schnell weg, weg, weg!	Die Bewegungen werden analog wiederholt.

Hinweise
Vgl. die Hinweise bei **Übung 63**.

Klatschspiel

65) Aramella

■ Förderung Motorik ■ Förderung Sprache

Am Ende der Unterrichtsstunde räumen die Kinder ihr Arbeitsmaterial auf. Je zwei Kinder stehen sich gegenüber. Die Lehrkraft spricht und handelt gemeinsam mit den Kindern:

Text	Bewegungen
A-ra-mel-la, **Strac-cia-tel-la,** **A-ra-mas,** **A-ba-kas.**	Die Kinder sprechen in Silben und klatschen abwechselnd in die eigenen Hände und kreuzweise mit rechts auf die erhobene rechte Hand des Partners und mit links auf die erhobene linke Hand des Partners.
Bumm, **zi-cke, za-cke,** **bumm.**	Bei „**Bumm**" werden die Schultern des Partners angestoßen, bei „**zi-cke, za-cke**" wird dem Partner eine Nase gedreht.

Hinweise
Vgl. die Hinweise bei **Übung 63**.

Bewegungslied

66 Pausen-Rap

■ Förderung Motorik　　■ Förderung Sprache　　■ Lied Nr. 25/26/27

Am Ende der Unterrichtsstunde räumen die Kinder ihr Arbeitsmaterial auf und versammeln sich im Stehkreis. Alternativ können sich die Kinder auch hinter ihren Stuhl stellen.

Bei der Einführung dieses Raps wird der Spruch mit den passenden Bewegungen (siehe Notenzeilen) zunächst abschnittsweise mehrfach rhythmisch gesprochen, bis die Kinder ihn auswendig mitsprechen und die Bewegungen durchführen können.

Ist der Rap bekannt, sprechen die Kinder und die Lehrkraft gemeinsam den Text und führen die geübten Bewegungen dazu aus.

Danach verlassen alle Kinder die Klasse.

Pausen-Rap

Melodie und Text: Christa Hehemann

kla kla   kla kla kla

Jetzt ist Pau-se! Pau-se, Pau-se, Pau-se! Wir

pa   pa   pa   pa   pa   pa   pa   pa

geh'n noch nicht nach Hau-se. Doch das macht uns gar nichts aus, denn

stampf stampf (re Hand in die Luft)

jetzt geht's raus!

Hinweise

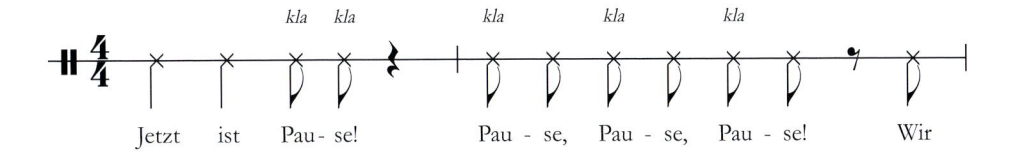

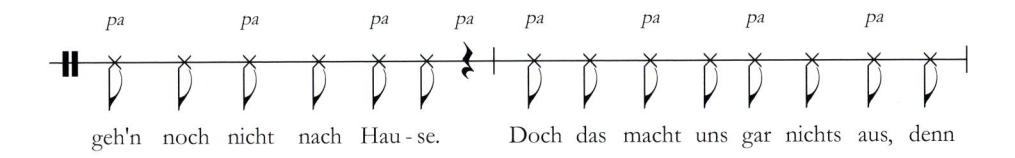

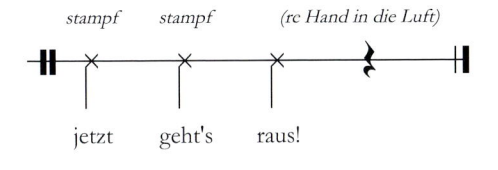

Dieses und die folgenden (Bewegungs-)Lieder geben den Kindern das Zeichen: Jetzt ist der Unterricht beendet, und die Pause beginnt gleich.

Die Lieder sind so zusammengestellt, dass mit ihnen eine sprachliche, rhythmische und motorische Förderung erfolgen kann. Dazu muss die Lehrkraft bei Kindern mit Förderbedarf darauf achten, dass die Texte und (bei den Bewegungsliedern) die Bewegungen richtig ausgeführt werden.

Bewegungslieder stellen die höchste Förderung im sprachlich motorischen Bereich dar. Mehrere Handlungsebenen müssen von den Kindern verknüpft werden.

Alle Lieder sollten von der Lehrkraft und den Kindern gemeinsam gesungen werden. Bei den Bewegungsliedern führen die Lehrkraft und die Kinder gleichzeitig die angegebenen Bewegungen dazu aus. Diese sind so ausgewählt, dass eine möglichst umfassende Förderung im motorischen Bereich möglich ist.

Bewegungslied

67 Jetzt geht's in die Pause rein

- Förderung Motorik
- Förderung Sprache
- Lied Nr. 28/29

Am Ende der Unterrichtsstunde räumen die Kinder ihr Arbeitsmaterial auf und suchen sich einen Partner. Die Partner stehen sich gegenüber.

Bei der Einführung dieses Liedes wird der Text mit den passenden Bewegungen (siehe Notenzeilen) zunächst abschnittsweise mehrfach rhythmisch gesprochen und mit Bewegungen eingeübt. So können die Kinder den Sprachrhythmus schnell erlernen, da sie nicht zusätzlich auf die Melodie achten müssen. Erst anschließend nimmt die Lehrkraft die Melodie hinzu, welche die Kinder durch den ihnen schon bekannten Sprachrhythmus schnell verinnerlichen.

Ist das Lied bekannt, singen es die Kinder und die Lehrkraft gemeinsam und führen die geübten Bewegungen dazu aus.

Danach verlassen alle Kinder die Klasse.

Variationen
Fußball, Pferd und Fänger können mit passenden pantomimischen Bewegungen unterlegt werden.

Hinweise
Das Lied wird gesungen nach der Melodie „Horch, was kommt von draußen rein".

Vgl. außerdem die Hinweise bei **Übung 66**.

Jetzt geht's in die Pause rein

Melodie: überliefert
Text: Christa Hehemann

Jetzt geht's in die Pau - se rein, hopp - la - hipp, hopp - la - hopp, Fuß - ball, Pferd und Fän - ger sein, hopp - la - hipp - la - hopp. Ja, die Stun - de ist vor - bei, hopp - la - hipp, hopp - la - hopp, zäh - len nur noch eins, zwei, drei, hopp - la - hipp - la - hopp.

(beide Hände des Partners abklatschen)
kla kla
(Hände kreuzen und auseinanderziehen)
(Zahlen mit den Fingern zeigen)

Bewegungslied

68 Si ma ma kaa

■ Förderung Motorik　　　■ Förderung Sprache　　　■ Lied Nr. 30/31

Am Ende der Unterrichtsstunde räumen die Kinder ihr Arbeitsmaterial auf. Sie schieben die Stühle an den Tisch und stellen sich hinter sie oder bilden einen Stehkreis.

Bei der Einführung dieses Liedes wird der Text mit den passenden Bewegungen (siehe Notenzeilen) zunächst abschnittsweise mehrfach rhythmisch gesprochen und mit Bewegungen eingeübt. So können die Kinder den Sprachrhythmus schnell erlernen, da sie nicht zusätzlich auf die Melodie achten müssen. Erst anschließend nimmt die Lehrkraft die Melodie hinzu, welche die Kinder durch den ihnen schon bekannten Sprachrhythmus schnell verinnerlichen.

Ist das Lied bekannt, singen es die Kinder und die Lehrkraft gemeinsam und führen die geübten Bewegungen dazu aus.

Danach verlassen alle Kinder die Klasse.

Variationen
1. Die Schnelligkeit kann variiert werden.
2. Nach mehrmaligem Üben kann das Lied auch ohne Sprache nur anhand der rhythmischen Bewegungen erklingen.

Si ma ma kaa

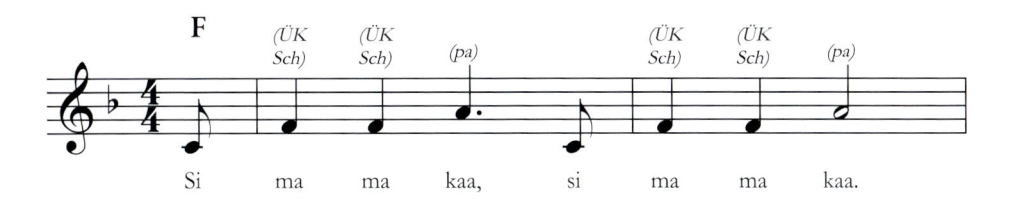

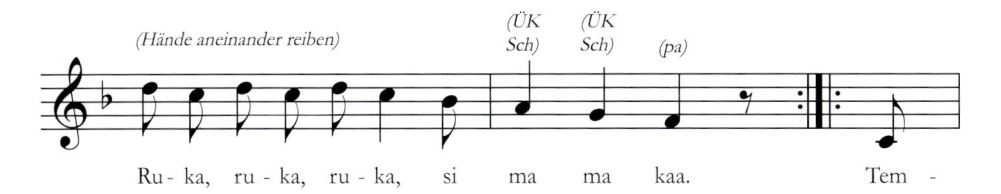

Melodie und Text: überliefert

Si ma ma kaa, si ma ma kaa.
Ru - ka, ru - ka, ru - ka, si ma ma kaa. Tem -
be - a, kim - bi - a, tem - be - a, kim - bi - a.
Ru - ka, ru - ka, ru - ka, si ma ma kaa.

Hinweise
Vgl. die Hinweise bei **Übung 66**.

Bewegungslied

69 Epo i tai tai

■ Förderung Motorik   ■ Förderung Sprache   ■ Lied Nr. 32/33

Am Ende der Unterrichtsstunde räumen die Kinder ihr Arbeitsmaterial auf. Sie schieben die Stühle an den Tisch und stellen sich hinter sie oder bilden einen Stehkreis.

Bei der Einführung dieses Liedes wird der Text mit den passenden Bewegungen (siehe Notenzeilen) zunächst abschnittsweise mehrfach rhythmisch gesprochen und mit Bewegungen eingeübt. So können die Kinder den Sprachrhythmus schnell erlernen, da sie nicht zusätzlich auf die Melodie achten müssen. Erst anschließend nimmt die Lehrkraft die Melodie hinzu, welche die Kinder durch den ihnen schon bekannten Sprachrhythmus schnell verinnerlichen.

Ist das Lied bekannt, singen es die Kinder und die Lehrkraft gemeinsam und führen die geübten Bewegungen dazu aus.

Danach verlassen alle Kinder die Klasse.

Variationen
1. Die Schnelligkeit kann variiert werden.
2. Nach mehrmaligem Üben kann das Lied auch ohne Sprache nur anhand der rhythmischen Bewegungen erklingen.

Epo i tai tai

Melodie und Text: überliefert

(ÜK pa) (ÜK pa) (pa) (pa) (ÜK Sch) (ÜK Sch) (ÜK Sch) (ÜK Sch)

G

E - po i tai tai e, o

(ÜK pa) (ÜK pa) (pa) (pa) (ÜK Sch) (ÜK Sch) (ÜK Sch) (ÜK Sch)

C **G**

e - po i tai tai e,

(ÜK pa) (ÜK pa) (pa) (pa) (ÜK pa) (ÜK pa) (Finger auf Kopf) (Finger auf Kopf)

G

e - po i tai tai, e - po i tu - ki tu - ki,

(ÜK pa) (ÜK pa) (Finger auf Kopf) (Finger auf Kopf) (ÜK Sch) (ÜK Sch) (ÜK Sch) (ÜK Sch)

D **G**

e - po i tu - ki tu - ki e.

Hinweise

Vgl. die Hinweise bei **Übung 66**.

Lied

70 Maus und Katze

■ Förderung Sprache   ■ Lied Nr. 34/35

Am Ende der Unterrichtsstunde räumen die Kinder ihr Arbeitsmaterial auf. Sie schieben die Stühle an den Tisch und stellen sich in den Stehkreis.

Bei der Einführung dieses Liedes wird der Text zunächst abschnittsweise mehrfach rhythmisch gesprochen und so eingeübt. Auf diese Weise können die Kinder den Sprachrhythmus schnell erlernen, da sie nicht zusätzlich auf die Melodie achten müssen. Erst anschließend nimmt die Lehrkraft die Melodie hinzu, welche die Kinder durch den ihnen schon bekannten Sprachrhythmus schnell verinnerlichen.

Ist das Lied bekannt, singen es die Kinder und die Lehrkraft gemeinsam.

Danach verlassen alle Kinder die Klasse.

Variation
Das Lied kann szenisch zum gesungenen Text nachgespielt werden.

Hinweise
Das Lied wird gesungen nach der Melodie „Es klappert die Mühle am rauschenden Bach".

Der Sprechrhythmus der deutschen Sprache (Betonung auf 1 und 3) wird mit diesem Lied besonders geübt.

Vgl. außerdem die Hinweise bei **Übung 66**.

Maus und Katze

Melodie: überliefert
Text: Annegret Engel, Christa Hehemann

1. In unserem Keller, da haust eine Maus, piep piep!
   Sie frisst aus den Kisten die Äpfel heraus, piep piep!
   Sie tanzt durch den Keller und hüpft dort herum
   und ärgert die Katze, die guckt auch schon dumm, piep piep, piep piep, piep piep.

2. Die Katze, sie fährt ihre Krallen heraus, miau miau!
   Sie rennt durch den Keller und sucht dort die Maus, miau miau!
   Sie jaget bei Tag und sie jaget bei Nacht,
   doch kriegt nie die Maus, wer hätt' das je gedacht, miau miau, miau miau, miau miau!

3. Doch an einem Tage, da sagte die Maus, piep piep,
   ich halt es nicht länger im Keller mehr aus, piep piep!
   Es ist mir zu dunkel und zu stickig hier,
   ich gehe jetzt lieber und spiele mit dir, piep piep, piep piep, piep piep!

4. Die Katze war glücklich und schnurrte ganz laut, miau miau,
   ich hab meine Ruh und kann endlich heraus, miau miau!
   So trafen sich Katze und Maus vor der Tür
   und fragten sich beide: Spielst du jetzt mit mir, piep piep, miau miau, piep piep!

Lied

71 Hey du!

■ Förderung Sprache   ■ Lied Nr. 36/37

Am Ende der Unterrichtsstunde räumen die Kinder ihr Arbeitsmaterial auf. Sie schieben die Stühle an den Tisch und stellen sich hinter sie oder in den Stehkreis.

Bei der Einführung dieses Liedes wird der Text zunächst abschnittsweise mehrfach rhythmisch gesprochen und so eingeübt. Auf diese Weise können die Kinder den Sprachrhythmus schnell erlernen, da sie nicht zusätzlich auf die Melodie achten müssen. Erst anschließend nimmt die Lehrkraft die Melodie hinzu, welche die Kinder durch den ihnen schon bekannten Sprachrhythmus schnell verinnerlichen.

Ist das Lied bekannt, singen es die Kinder und die Lehrkraft gemeinsam.

Danach verlassen alle Kinder die Klasse.

Wenn sich eine Unterrichtsstunde direkt anschließt, kann im Lied auf ihren Inhalt verwiesen werden, als letzte Strophe wird dann z. B. die mit der Passage **„gleich kommt noch das Schreiben"** gesungen. Falls das Lied vor einer Pause gesungen wird, kann die abgedruckte Alternative verwendet werden.

Hinweise

Das Lied wird gesungen nach der Melodie „Hejo, spann den Wagen an".

Vgl. außerdem die Hinweise bei **Übung 66**.

Hey, du!

Melodie: überliefert
Text: Christa Hehemann

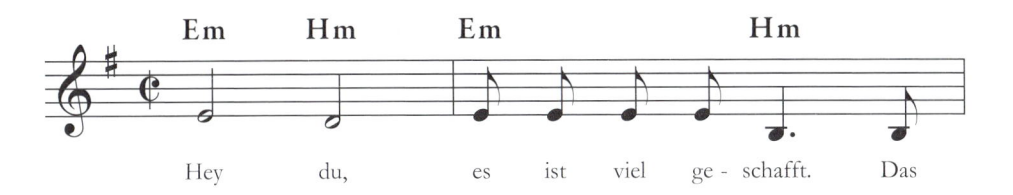

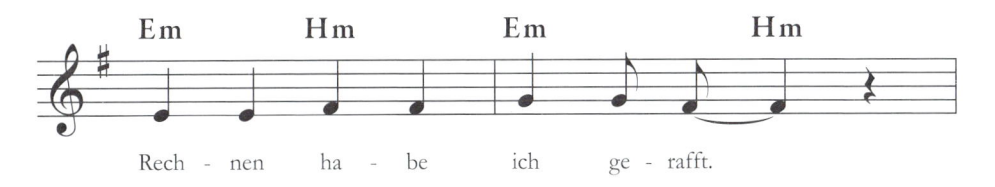

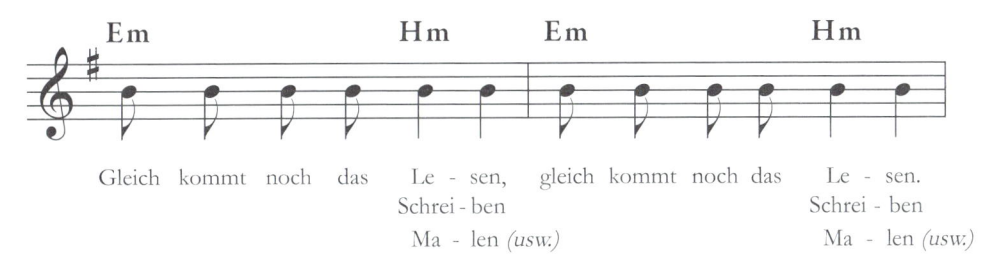

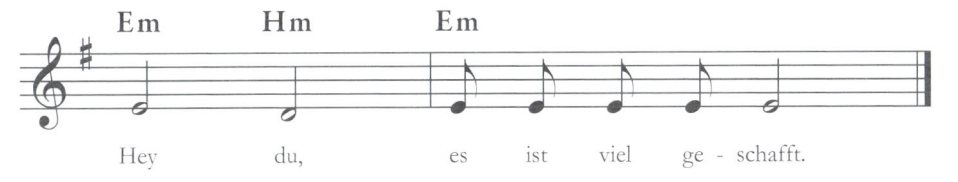

Hey du, es ist viel geschafft. Das
Rechnen habe ich gerafft.
Gleich kommt noch das Lesen, gleich kommt noch das Lesen.
Schreiben   Schreiben
Malen *(usw.)*   Malen *(usw.)*
Hey du, es ist viel geschafft.

Alternativ:

Hey du, ich hab viel gelacht.
Das Singen (Turnen usw.) hat mir Spaß gemacht.
Jetzt geht's in die Pause, jetzt geht's in die Pause!

Lied

72 Atte, katte, Pause

■ Förderung Sprache

■ Lied Nr. 38/39

Am Ende der Unterrichtsstunde räumen die Kinder ihr Arbeitsmaterial auf. Sie schieben die Stühle an den Tisch und stellen sich hinter sie oder in den Stehkreis.

Bei der Einführung dieses Liedes wird der Text zunächst abschnittsweise mehrfach rhythmisch gesprochen und so eingeübt. Auf diese Weise können die Kinder den Sprachrhythmus schnell erlernen, da sie nicht zusätzlich auf die Melodie achten müssen. Erst anschließend nimmt die Lehrkraft die Melodie hinzu, welche die Kinder durch den ihnen schon bekannten Sprachrhythmus schnell verinnerlichen.

Ist das Lied bekannt, singen es die Kinder und die Lehrkraft gemeinsam.

Danach verlassen alle Kinder die Klasse.

Hinweise

Das Lied wird gesungen nach der Melodie „Atte katte nuwa".

Es trainiert die deutliche Aussprache des kurzen und langen Vokals.

Vgl. außerdem die Hinweise bei **Übung 66**.

Atte, katte, Pause

Melodie: überliefert
Text deutsch: Annegret Engel, Christa Hehemann

1. At - te kat - te nu - wa, at - te kat - te nu - wa,
   e mi - sa de mi - sa dul - la mi - sa de.
   He - xa kol - la mi - sa wo - te,
   he - xa kol - la mi - sa wo - te.
   At - te kat - te nu - wa, at - te kat - te nu - wa,
   e mi - sa de mi - sa dul - la mi - sa de.

2. Kin - der die - ser Klas - se, Kin - der die - ser Klas - se,
   wol - len jetzt schnell auf den Pau - sen - hof hi - naus.
   To - ben, spie - len, lau - fen und mehr,
   das fällt uns doch wirk - lich nicht schwer.
   Kin - der die - ser Klas - se, Kin - der die - ser Klas - se,
   ha - ben es sich jetzt nun voll und ganz ver - dient.

Lied mit Bewegungen

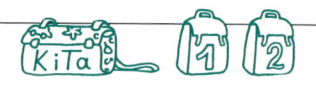

73 Tierischer Unsinn

■ Förderung Motorik   ■ Förderung Sprache   ■ Lied Nr. 40/41

Am Ende der Unterrichtsstunde räumen die Kinder ihr Arbeitsmaterial auf. Sie schieben die Stühle an den Tisch und stellen sich im Kreis auf.

Jetzt singen die Lehrkraft und die Kinder gemeinsam das Lied. Während des Singens können die Tiere und der Text szenisch dargestellt werden. Die Bewegungen zum Inhalt erarbeitet jede Lehrkraft gemeinsam mit ihrer Gruppe. So können bereits den Kindern bekannte Bewegungen mit eingesetzt werden. Beispiel:

Text	Bewegungen
Der Elefant, der Elefant, der liegt ganz faul am weißen Strand.	Einen Elefanten darstellen. Den Oberkörper zurückbeugen und die Augen schließen.

Das Lied wird gesungen, und die Bewegungen werden gleichzeitig dazu ausgeführt, um die Text-Merkfähigkeit zu unterstützen.

Hinweise
Das Lied wird gesungen nach der Melodie „Die Vogelhochzeit".
Vgl. außerdem die Hinweise bei **Übung 66**.

Tierischer Unsinn

Melodie: mündlich überliefert
Text: Christa Hehemann

Der Elefant, der Elefant, der liegt ganz faul am weißen Strand. Fi-de-ra-la-la, fi-de-ra-la-la, fi-de-ra-la-la-la-la-la.

2. Das Dromedar, das Dromedar, das will zurück nach Afrika.

3. Das Känguru, das Känguru, das macht den Gürtel auf und zu.

4. Der Papagei, der Papagei, der legt ein richtig dickes Ei.

5. Der Wasserfloh, der Wasserfloh, der sucht seit Stunden schon das Klo.

6. Der Kakadu, der Kakadu, der macht den Käfig auf und zu.

7. Das Gürteltier, das Gürteltier, das zieht den Gürtel bis Loch vier.

8. Das Warzenschwein, das Warzenschwein, das hüpft immer auf einem Bein.

9. Das Schnabeltier, das Schnabeltier, das spielt ganz schräg auf dem Klavier.

10. Der Hammerhai, der Hammerhai, der schlägt ein großes Brett entzwei.

11. Der Tintenfisch, der Tintenfisch, der klettert immer auf den Tisch.

12. Der Pelikan, der Pelikan, der kommt mit einem Airbus an.

Abschlussrituale / Schulschlussrituale

In der persönlichen Verabschiedung mit einem Händedruck am Ende des Schultages fühlen sich die Kinder angenommen. Sie werden als Partner gesehen, zu dem ein persönlicher Kontakt hergestellt wurde. Eine freundliche Bemerkung zum Abschied trägt zum Aufbau eines Gefühls bei, das dem Kind signalisiert: Ich werde als einzelne Person angenommen und geschätzt. Dazu trägt auch die Berührung durch die Haut der Hand bei.

Kinder, die sich am Ende des Schultages von der Lehrkraft und den Mitschülern verabschieden, verlassen das Schulgebäude langsamer und gelassener. Sie gehen auf dem Weg nach Hause rücksichtsvoller miteinander um. Der Kontakt, der durch die persönliche Verabschiedung zur Lehrkraft hergestellt wird, wirkt sich am folgenden Tag aus. Der Umgangston und die Körpersprache der Kinder verändern sich.

Es folgen vier verschiedene Rituale für verschiedene Altersstufen, bei denen Verse gesprochen oder Lieder gesungen werden. Immer wird zunächst der Raum aufgeräumt, und die Jacken werden angezogen. Dann wird gemeinsam gesprochen oder gesungen und dazu gehandelt. Zum Abschied reicht die Lehrkraft jedem Kind die Hand.

Das Abschlussritual dauert in Klasse 1 zunächst ca. 5 Minuten. Haben die Kinder sich an das Ritual gewöhnt, dauert es ca. 3–4 Minuten.

Abschlussritual

74 Ab nach Haus!

■ Förderung Motorik   ■ Förderung Sprache

Am Ende des Schultages räumen die Kinder den Tisch auf und packen ihre Tasche. Die Lehrkraft fordert die fertigen Kinder auf:
„Geht auf den Gang und zieht eure Jacken an. Kommt in die Klasse zurück und stellt euch hinter euren Stuhl."
Die Kinder gehen auf den Gang, ziehen die Jacke an, kommen in die Klasse zurück und schließen die Jacke. Sie stellen den Ranzen auf den Tisch und nehmen ihn vom dort aus auf den Rücken. Anschließend stellt jedes Kind den Stuhl auf den Tisch.

Die Lehrkraft fordert die Kinder auf:
„Zwei Kinder stellen sich mit dem Gesicht zueinander hin."
Jeweils zwei Kinder stehen sich in der Klasse gegenüber. Die Lehrkraft und die Kinder sprechen und handeln:

Verse	Bewegungen
Ri, ra, raus!	Sie sprechen in Silben und klatschen dazu dreimal in die Hände.
Die Schu-le ist jetzt aus.	Sie klatschen in Silben kreuzweise abwechselnd mit der Hand auf die entsprechende Hand des Partners.
Drum geh-en wir, drum geh-en wir	Sie klatschen viermal abwechselnd in die Hände und auf die Oberschenkel.
nach Haus, Haus, Haus!	Sie klatschen viermal in die Hände.

Die Lehrkraft steht neben der Klassentür und verabschiedet jedes Kind per Händedruck. Sie achtet darauf, dass das Kind die rechte Hand reicht und die Lehrkraft ansieht.

Hinweise
Es findet eine Förderung in den Bereichen Ordnungssinn, Selbstständigkeit, Zuhören, Kontakt zur Lehrkraft, Frustrationstoleranz, Teamfähigkeit, Hilfsbereitschaft und Rücksichtnahme statt.

Abschiedslied

75 Ri, ra, raus!

Förderung Motorik **Förderung Sprache** Lied Nr. 42/43

Am Ende des Schultages räumen die Kinder den Tisch auf und packen ihre Tasche. Die Lehrkraft fordert die fertigen Kinder auf:

> **„Geht auf den Gang und zieht eure Jacken an. Kommt in die Klasse zurück und stellt euch hinter euren Stuhl."**

Die Kinder gehen auf den Gang, ziehen die Jacke an, kommen in die Klasse zurück und schließen die Jacke. Sie stellen den Ranzen auf den Tisch und nehmen ihn vom dort aus auf den Rücken. Anschließend stellt jedes Kind den Stuhl auf den Tisch.

Zwei Kinder stehen sich gegenüber. Die Lehrkraft und die Kinder singen und handeln jetzt gemeinsam:

Verse	Bewegungen
Ri, ra, raus, **wir gehen nun nach Haus.**	Siehe Bewegungen über den Notenzeilen.
Es war heut **in der Schule schön.** **Bis morgen dann,** **auf Wiederseh'n.**	Die Kinder singen und klatschen kreuzweise mit rechts auf die erhobene rechte Hand des Partners und mit links auf die erhobene linke Hand des Partners.
Ri, ra, raus, **wir gehen nun nach ...** **Haus.**	Siehe Bewegungen über den Notenzeilen. Bei „Haus" klatschen die Kinder parallel auf die erhobenen Hände des Partners.

Die Lehrkraft steht neben der Klassentür und verabschiedet jedes Kind per Händedruck. Sie achtet darauf, dass das Kind die rechte Hand reicht und die Lehrkraft ansieht.

Hinweise

Das Lied wird gesungen nach der Melodie „E, e, e, nun gibt es Eis und Schnee".

Ri, ra, raus!

Melodie: überliefert
Text: Annegret Engel

(kla) (kla) (kla) (pa) (pa)
Ri, ra, raus, wir ge - hen nun nach

F **F** **C7** **F** **C7**
(pa)
Haus. Es war heut in der Schu - le schön. Bis

F **C7** **F** **C7** **F**
(mit einer Hand winken) *(kla) (kla)*
mor - gen dann, auf Wie - der - seh'n. Ri, ra,

F **C7** **F**
(kla) *(pa) (pa)* *(Partner abklatschen)*
raus, wir ge - hen nun nach Haus.

Abschieds-Rap

76 Also tschüss!

■ Förderung Motorik   ■ Förderung Sprache   ■ Lied Nr. 44/45

Am Ende des Schultages räumen die Kinder den Tisch auf und packen ihre Tasche. Die Lehrkraft fordert die fertigen Kinder auf:

„Geht auf den Gang und zieht eure Jacken an. Kommt in die Klasse zurück und stellt euch hinter euren Stuhl."

Die Kinder gehen auf den Gang, ziehen die Jacke an, kommen in die Klasse zurück und schließen die Jacke. Sie stellen den Ranzen auf den Tisch und nehmen ihn vom dort aus auf den Rücken. Anschließend stellt jedes Kind den Stuhl auf den Tisch.

Die Kinder stellen sich im Kreis auf. Die Lehrkraft und die Kinder führen gemeinsam den rhythmischen Sprechgesang und die über den Notenzeilen angegebenen Bewegungen aus.

Danach steht die Lehrkraft neben der Klassentür und reicht jedem Kind zum Abschied die Hand und spricht mit ihm. Sie achtet darauf, dass das Kind die rechte Hand reicht und die Lehrkraft ansieht.

Also tschüss!

Melodie und Text: Christa Hehemann

(winken) *(ÜK Sch)* *(verbeugen)*

Al - so tschüss, mach's gut, good bye! Für

(Hände vor dem Körper kreuzen und auseinanderziehen) *(kla)* *(kla)*

heu - te hab'n wir erst mal frei! Drum heißt es lo - cker

(pa) *(pa)* *(kla)* *(pa)* *(kla)* *(pa)*

run - ter vom Ho - cker. Auch mor - gen wer - den wir uns

(kla) *(pa)* *(kla)* *(pa)* *(kla)* *(pa)* *(kla)* *(pa)*

wie - der - seh'n, und dann wird's be - stimmt ge - nau - so

(Daumen nach oben zeigen)

schön!

Abschlussritual

77 Tschüss!

■ Förderung Motorik   ■ Förderung Sprache

Die Schüler räumen gemeinsam die Klasse auf. Die Lehrkraft fordert die fertigen Kinder auf:

„Geht auf den Gang und zieht eure Jacken an. Kommt in
die Klasse zurück und stellt euch hinter euren Stuhl."

Die Kinder gehen auf den Gang, ziehen die Jacke an, kommen in die Klasse zurück und schließen die Jacke. Sie stellen den Ranzen auf den Tisch und nehmen ihn vom dort aus auf den Rücken. Anschließend stellt jedes Kind den Stuhl auf den Tisch.

Dann stellen sich immer zwei Kinder einander gegenüber. Sie führen folgende Bewegungen aus und sprechen dazu rhythmisch in Silben:

Text	Bewegungen
Schu-le, Schu-le, **raus hier!**	Zweimal abwechselnd je einmal auf die Oberschenkel und einmal kreuzweise auf die eigenen Schultern patschen. Zweimal auf die erhobenen Hände des Partners klatschen.
Schu-le, Schu-le, **raus hier!**	Die beschriebenen Bewegungsfolge wiederholen.
Es geht für uns jetzt end- **lich nach Haus,** **denn die Schu-le ist für** **heu-te aus!**	Metrum in den Füßen: Zu jeder Silbe abwechselnd rechts und links aufstampfen.
Schu-le, Schu-le, **raus hier!**	Die oben beschriebenen Bewegungsfolge wiederholen.

Die Lehrkraft steht neben der Klassentür, reicht jedem Kind zum Abschied die Hand und spricht mit ihm. Sie achtet darauf, dass das Kind die rechte Hand reicht und die Lehrkraft ansieht.

Fördern erleichtern, CD

Diagnose von Lernvoraussetzungen – Erstellung von individuellen Förderplänen – praktische Förderbeispiele
von Annegret Engel

Die separat erhältliche CD enthält alle Lieder aus dem Buch als Vokal- und Instrumentalversionen. So können die Lieder geübt und mit Instrumental-Begleitung in der Klasse gesungen werden. Die überarbeitete CD bietet zusätzlich bei einigen Liedern eine Version für ältere Kinder.

www.mildenberger-verlag.de/foerdern-erleichtern

Fördern erleichtern, CD
20 Lieder, Vokal- und Instrumentalversion
Bestell-Nr. 140-31

Lernen erleichtern

Diagnose von Lernvoraussetzungen – Erstellung von individuellen Förderplänen – praktische Förderbeispiele
von Annegret Engel

Lehrerinnen und Lehrer sollen in den ersten Wochen des 1. Schuljahres die **Lernvoraussetzungen** von ca. 25 bis 29 Kindern kennen. Denn nur dann können die Kinder individuell gefördert werden.

Die Diagnose geht von folgenden Fragen aus:
- Wie ist der augenblickliche Kenntnisstand der Schüler?
- Wie finden Lernprozesse statt?
- Welche Voraussetzungen lassen Lernprozesse optimal ablaufen?
- Wie hält man die Voraussetzungen aller Kinder der Klasse übersichtlich fest?
- Wie hilft man dem Kind, die gewünschten Voraussetzungen zu erreichen?
- Wie erstellt man einen individuellen Förderplan für ein Kind?
- Wie organisiert man den Förderverlauf?

In **Lernen erleichtern** finden Grundschullehrkräfte, sozialpädagogische Fachkräfte, Erzieherinnen und Erzieher die Antworten auf die oben stehenden Fragen.

www.mildenberger-verlag.de/lernen-erleichtern

Lernen erleichtern
188 S., inkl. 33 Kopiervorlagen, Spiralbindung
Bestell-Nr. 140-40